AI로
**이미지, 영상, 음악**
한 번에 끝내기

# AI로 이미지, 영상, 음악 한 번에 끝내기

이현 지음

## 누구나 쉽게 따라 하는
## 디지털 콘텐츠 만들기

천그루숲

## 창의적 감각을 높이는
## 생성형 AI 실전 가이드

안녕하세요. 센스디렉터 이현입니다. 저는 대기업과 공공기관에서 '일잘러들의 창의적이고 센스 있는 업무 활용'에 대해 오랜 기간 강의를 해오면서 인공지능이 따라올 수 없는 인간만의 강력한 무기는 창의성과 감성지능이라고 생각했습니다. 하지만 몇 년 사이 인공지능 기술이 빠르게 발전하면서, 이제는 인간지능을 위협하는 수준에 이르렀습니다.

그동안 인간만이 가능할 것으로 여겼던 창의적인 일들도 이제는 AI의 힘을 빌려 누구나 현실로 구현할 수 있게 되었습니다. 포토샵을 사용하지 않아도 디자이너 수준의 이미지나 로고를 제작할 수 있고, 값비싼 카메라와 드론 없이도 텍스트만 입력하면 수준 높은 영상을 만들 수 있으며, 전문 음악 편집 프로그램 없이도 작곡가처럼 디지털 음악을 쉽게 완성할 수 있습니다. 이런 변화의 흐름 속에서 누군가는 AI 때문에 일자리를 잃을까 두려워하겠지만, 또 다른 누군가는 AI를 통해 새로운 가능성을 발견하고, 그 속에서 기회를 찾을 것입니다. AI가 우리 일상에 깊숙이 스며드는 지금, 우리의 경쟁력을 높이기 위해서는 다음과 같은 질문을 던져야 합니다.

**'내가 하는 일에 AI를 어떻게 활용할 수 있을까?'**

AI의 발전은 일상과 업무에 큰 변화를 가져오고 있습니다. 이제 AI를 잘 활용하는 사람들은 더 높은 효율성과 창의성을 발휘할 수 있게 되었으며, 누구나 쉽게 전문가의 영역을 넘나들고 있습니다. 특히 이미지 제작, 영상 편집, 음악 작곡, 글쓰기 같은 창의적인 작업에서 AI는 단순한 도구를 넘어, 창작을 함께하는 파트너로 자리 잡아가고 있습니다.

AI 시대에 경쟁력을 갖추기 위해서는 AI가 잘하는 일은 AI에게 맡기고, 인간은 인간이 잘할 수 있는 일에 집중하는 것이 필요합니다. '내 업무 중 어떤 것을 AI에게 맡길 수 있을까?' '이제는 이런 것도 혼자 만들어 볼 수 있지 않을까?'와 같은 질문을 던지며 AI를 최대한 활용해 문제해결 능력을 키워야 합니다. 결국 AI로 창작의 가능성을 넓히고 한계를 없애겠다는 생각이 AI를 효과적으로 활용하는 첫걸음이 됩니다.

이 책은 다양한 AI 활용법 중에서 창의성이 많이 요구되는 '이미지' '동영상' '음악' 등 콘텐츠 생성에 초점을 맞췄습니다. 누구나 AI를 이용해 자신의 콘텐츠를 쉽게 만들고, AI로 만든 결과물들을 토대로 창의성과 효율성을 극대화할 수 있는 콘텐츠 생성 노하우를 전하려고 합니다.

특히 독자분들의 편의성을 높이기 위해 입문, 중급, 고급 과정을 Ready, Set, Go의 3단계로 나누어 설명합니다. 'Ready' 편은 스마트폰으로 쉽게 사용할 수 있는 기초 과정을 설명하고, 'Set' 편은 PC로 디테일하게 결과물을 만들 수 있는 프롬프트의 기술을 정리했습니다. 마지막으로 'Go' 편은 고급 도구를 이용해 좀 더 전문가답게 콘텐츠를 만들 수 있도록 고급 기능의 실습 과정을 담았습니다.

자, 그럼 천천히 단계별로 시작해 봅시다.
*Ready! Set! Go!*

센스디렉터 이현

# 차례

Part
**3**

# AI로 영상 만들기

## : 나도 이제 숏폼 전문가!

# Part 4

# AI로 음악 만들기

## : 나도 이제 히트곡 작곡가!

# Part 5

# 직업별 AI 활용 실습

# 신입사원들의
# 영상 제작 도전기

신입사원 연수에서 각 팀별로 회사의 비전과 미션이 담긴 동영상을 만들라는 과제가 떨어졌습니다. 영상은커녕 이미지 편집도 제대로 못하는데, 모든 팀원들은 멘붕에 빠졌습니다. 어디서부터 시작해야 할지조차 알 수 없었고, '과연 우리가 이 작업을 해낼 수 있을까?'라는 불안감이 커졌습니다.

팀원들 중 한 명이 AI의 도움을 받아보자는 의견을 제시했고, 별다른 대안이 없었던 팀원들은 영상 작업에 적합한 도구를 찾기 시작했습니다. 블로그와 유튜브 검색을 통해 이미지 생성에는 '코파일럿', 영상 편집에는 'Vrew', 음악 작곡에는 'Suno'를 사용하기로 했습니다. 처음에는 이러한 도구들을 어떻게 다뤄야 할지 몰라 걱정이 앞섰지만, 온라인 튜토리얼과 유튜브 가이드를 통해 하나씩 익혀 나갔습니다. 점차 익숙해지면서 '생각보다 할 만하네!'라는 자신감도 생겼습니다.

　우선 팀원들은 코파일럿을 사용해 영상에 필요한 이미지 생성에 도전했습니다. 예를 들어 [신입사원이 억지로 웃으면서 밥을 먹는 모습]이라는 텍스트를 입력하자 코파일럿은 이 상황을 잘 나타내는 재미있는 이미지를 만들어 주었고, 팀원들은 이를 보고 웃음을 터뜨렸습니다.

약간의 수정 작업을 거쳐 최종 이미지를 완성했을 때, 이들은 마치 전문가가 된 듯한 기분이 들며 '오호! 이것 말고도 다양한 것을 만들어 볼 수 있겠는데' 하는 자신감도 생겨났습니다. 이미지를 완성한 팀원들은 이제 Vrew를 이용해 영상 편집을 시작했습니다. Vrew의 프롬프트 창에 [**신입사원들이 연수에서 회사의 비전과 미션이 담긴 동영상을 만드는 과정**]이라고 주제를 입력하자 AI가 자동으로 영상 대본을 써줬고, 그에 어울리는 영상 샘플과 음성을 텍스트로 자동 변환해 자막도 만들어 주었습니다. 이를 바탕으로 어떤 영상을 추가로 만들어야 하는지 아이디어도 얻을 수 있었고, 팀원들은 부담 없이 편집 작업을 이어나가며 영상의 완성도를 높일 수 있었습니다.

영상 편집을 마친 후, 이제는 영상에 어울리는 음악을 삽입하기로 했습니다. 가사를 어떻게 만들지 고민하다 챗GPT에게 [**'new flow, new shift' 이 내용은 ○○그룹의 슬로건이야. 이 슬로건을 바탕으로**

○○그룹 ○○필름페스티벌 비전 송 가사를 한글로 만들어 줘]라고 회사의 사명과 슬로건을 넣고 가사를 요청했습니다.

챗GPT가 만들어 준 가사를 좀 더 정리한 후, 다양한 스타일의 음악을 자동으로 작곡해 주는 AI인 Suno를 통해 음악을 만들기로 했습니다. 팀원들은 임원들의 마음을 사로잡을 수 있는 트로트 스타일에 전자음악 요소를 섞어 현대적이고 클럽 분위기의 '트로트 EDM'이란 새로운 장르에 도전했습니다. Suno는 이에 맞춰 힙한

'new flow, new shift' 이 내용은 00 그룹의 슬로건이야. 이 슬로건을 바탕으로 00그룹 00필름페스티벌 비전 송 가사를 한글로 만들어 줘

**00그룹 00필름페스티벌 비전 영상송 가사**

*(Verse 1)*
새로운 흐름, 새롭게 시작해
변화의 물결, 우린 함께해
빛나는 아이디어, 꿈의 무대 위
00 그룹과 함께 펼쳐가는 길

*(Chorus)*
New Flow, New Shift, 함께 나아가
우리가 만들어 갈 새로운 이야기
창의와 도전으로 가득한 이 순간
00 필름페스티벌, 우리 빛을 더해

*(Verse 2)*
무한한 가능성, 서로 연결해
열정과 영감, 미래를 만들어
여기서 시작된 변화의 첫걸음
세상을 물들일 그 빛을 찾아가

*(Chorus)*
New Flow, New Shift, 함께 나아가
우리가 만들어 갈 새로운 이야기
창의와 도전으로 가득한 이 순간
00 필름페스티벌, 우리 빛을 더해

*(Bridge)*
꿈은 현실이 되고, 변화는 시작돼
우리의 무대에서 날아오르는 마음

메시지 ChatGPT

분위기의 트로트 음악을 만들어 줬고, 팀원들은 그 음악을 영상에 삽입하면서 완성된 작품에 한 걸음 더 다가갔습니다.

팀원들은 서로의 의견을 반영하며 영상을 개선해 나갔고, AI 도구와 협업을 하며 아이디어를 현실화했습니다. 마침내 그들은 회사의 비전과 목표를 담은 완성도 높은 작품을 만들었습니다. 이 과정을 통해 팀원들은 처음의 불안감을 극복하고, 새로운 도전을 성공적으로 해냈다는 자신감을 얻게 되었습니다.

# 경계를 넘어선 상상력!
# 생성형 AI와의 창의적 협업

위 사례는 ○○그룹에서 '생성형 AI' 강의를 하면서 진행했던 내용의 일부분입니다. 신입사원들은 AI 도구를 활용해 처음 해보는 작업에서도 뛰어난 결과물을 만들어 냈습니다. AI가 생성한 이미지를 바탕으로 생각을 확장시키며 예상치 못한 아이디어들을 쏟아냈고, 처음에는 막막하게 느껴졌던 콘텐츠 작업도 다양한 AI를 활용해 손쉽게 작업하며 목표를 하나씩 완성해 나갔습니다.

AI 기술이 대중화될수록 우리는 AI를 활용해 효율적으로 일하는 방법을 고민해야 합니다. 특히 AI의 한계를 정확히 인식하고, 내가 원하는 결과를 얻어 낼 수 있도록 AI를 관리하고 감독하는 능력을 키워야 합니다. 이렇게 해야만 새롭게 변화하는 환경에 적응하며 경쟁력을 높일 수 있습니다. 결국 자신의 경험과 지식을 바탕으로 AI와 협업하는 창작과정은 인간의 효율성과 창의성을 동시에 잡을 수 있는 핵심이 될 것입니다.

그럼 이제부터 다양한 생성형 AI를 활용해 이미지 생성, 영상 제작, 음악 작업 등 창의력과 생산성을 높이는 콘텐츠 제작방법을 알아보겠습니다.

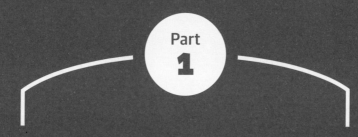

Part
**1**

# 일하는 방식을
# 새롭게 바꾸는
# AI 활용법

# AI 시대,
# 더욱 중요해진 한 가지 능력

MBC 〈전지적 참견시점〉이란 프로그램에서 가수 자이언티가 AI를 활용하는 장면이 방영되었습니다. 아침에 일어나면서부터 AI와 사소한 대화를 나누는 장면도 인상적이었지만, 자이언티의 매니저가 "AI로 신기한 거 없어요?"라고 묻자, 자이언티가 AI를 이용해 음악을 만드는 과정을 소개하는 모습이 특히 눈길을 끌었습니다.

그는 AI에게 자신이 만들고자 하는 음악에 대해 최대한 구체적으로 설명했습니다. 노래의 제목, 배경, 상황, 곡의 구성, 비슷한 음악 스타일까지 자세하게 지시를 했고, AI가 만들어 낸 결과물이 만족스럽지 않을 때에는 계속 피드백을 하며 수정했습니다. 마치 사

[전참시 영상]

미드저니로 그려 본 '자이언티가 AI를 활용하는 모습'

람에게 디렉팅하듯이 계속 피드백을 주고받으며, 결국 마음에 드는 가사를 만들어 낸 자이언티는 "진심으로 좋은데. 고마워"라며 만족 감을 표현했습니다. 이 과정을 우리가 AI에게 입력하는 프롬프트처 럼 정리해 보면 다음과 같습니다.

· 주제 : 정요섭 나는 축구왕 / 애니메이션 주제가
· 배경 : 어린 시절부터 축구를 한 정요섭. 중요한 대회가 코앞. 우승하는 게 목표
· 스타일 : 슛돌이, 슬램덩크 OST와 비슷한 느낌
· 구성 : 절, 후렴, 절, 후렴 구성으로
· 특징 : 구어체로, 말하듯이

· 피드백 과정 : 각 절과 후렴의 멜로디 및 가사에 대해 피드백을 주고받으며 완성도를 높임. ex) 너무 설명적이지 않게, 더 간결하게. 절 후렴 각각 길이를 4마디 이상 넘지 않게. 캐치한 부분이 있으면 좋겠음. 좀 더 말하듯이 구어체였으면 좋겠음.

유명 가수이자 음악 프로듀서이기도 한 자이언티는 곡을 만들 때 굉장히 디테일하고 완벽하기로 유명합니다. 그가 AI를 활용해 애니메이션 주제가의 가사를 만드는 과정을 보니 우리가 생성형 AI를 활용하는 방법도 이와 크게 다르지 않겠다는 생각이 들었습니다.

꼭 어려운 용어나 프롬프트 없이도 자신이 원하는 것을 명확하고 구체적으로 표현하고, 원하는 결과에 최대한 가까운 완성도를 얻기 위해 계속 피드백을 주고받으며 다듬어 가는 디렉팅 능력은 AI 시대에 더욱 중요해진 능력입니다.

## 명확한 목표와 구체적인 지시, AI 활용의 핵심!

AI는 다양한 기능과 능력을 갖추고 있지만, 잘 쓰는 법은 단 하나입니다. 목표를 명확하게 설정하고 구체적으로 지시하는 겁니다.

예를 들어 생성형 AI를 사용해 이미지를 만들고 싶을 때, 단순히 [해변에서 놀고 있는 모습을 그려 줘]라고 요청하는 것보다 [푸른 하늘 아래 해변에서 놀고 있는 어린이들의 모습을 생생하고 따뜻한 색감으로 표현

**해 줘]**라고 구체적으로 요청하면 AI는 훨씬 더 원하는 결과를 만들어 낼 수 있습니다.

또 영상을 만들 때도 [재미있는 우주 탐사 영상을 만들어 줘]라고 요청하기보다는 [10살 어린이가 이해할 수 있도록 우주 탐사에 대한 1분짜리 교육 영상을 만들어 줘]라고 명확하게 지시하면, AI는 더욱 효과적인 콘텐츠를 생성할 수 있습니다.

이처럼 생성형 AI를 잘 사용하는 방법은 '명확한 목표 설정과 구체적인 지시'로 요약될 수 있습니다. AI를 효율적으로 활용하기 위해서는 우리가 무엇을 원하는지 정확히 이해하고, 그것을 AI에게 명확히 전달하는 것이 중요합니다. 이렇게 하면 우리가 원하는 방향으로 AI를 더 잘 활용할 수 있습니다.

## 일하는 방식을 새롭게. AI를 팀원처럼 활용하는 능력

회사에서는 직급이 올라갈수록 명확한 업무지시 능력이 중요해집니다. 프로젝트를 진행할 때 팀원들이 기본 작업을 완료해 결과물을 제출하면, 팀장은 피드백을 통해 효율적으로 최종 결과를 도출해야 합니다. 이때 팀장은 AI 도구를 활용해 빠르고 정확하게 의사결정을 내릴 수 있습니다. 예를 들어 AI에게 [지난달 판매 데이터를 분석하고, 가장 인기 있는 제품과 그 이유를 찾아서 시각화 자료를 만들어줘]처럼 의사결정에 필요한 자료를 요청할 수 있습니다. 팀장은 이러한 분석 결과를 바탕으로 다음 단계에서 필요한 작업을 명확히 지시하여 팀원들이 효율적으로 일할 수 있도록 방향을 제시해야 합니다.

이를 위해서는 요청방식이 얼마나 명확하고 구체적인지가 관건입니다. 이는 직급이나 경험과 상관없이 누구에게나 적용되는 AI 활용의 기본원칙입니다. 예를 들면 [오늘 날씨 알려줘]라고 단순히 물어보는 것에 그치지 말고, [기상청 홈페이지의 이번 주 날씨를 학습해서 이번 주 비가 오지 않는 날의 통계를 내주고 아침과 저녁에 어떤 옷을 입어야 하는지 요일별 보고서를 작성해 줘]라고 구체적으로 요청하는 습관을 들여야 합니다. 아무리 AI가 발전한다고 해도 한 번에 좋은 결과가 나오지 않기 때문에 세세한 피드백을 통해 AI를 잘 다루어야 더 좋은 결과물을 얻을 수 있습니다.

기상청 홈페이지의 이번 주 날씨를 학습해서 이번 주 비가 오지 않는 날의 통계를 내주고 아침과 저녁에 어떤 옷을 입어야 하는지 요일별 보고서를 작성해줘

이미지의 예보에 따르면, 이번 주 비가 오지 않을 확률이 높은 날들을 확인할 수 있습니다. 강수확률이 0~10%인 날을 기준으로 통계를 제공하고, 옷차림에 대한 요일별 제안을 해드리겠습니다.

**비가 오지 않는 날의 통계:**

- 8일(화), 11일(금), 12일(토), 13일(일), 14일(월), 15일(화): 강수확률이 10% 이하로 비가 올 가능성이 낮습니다.

**요일별 옷차림 제안:**

1. **8일(화)**
   - 아침: 13°C → 얇은 자켓이나 가디건 착용
   - 저녁: 24°C → 반팔 티셔츠, 얇은 긴팔 가능
2. **11일(금)**
   - 아침: 14°C → 얇은 니트나 가디건 추천
   - 저녁: 23°C → 가벼운 셔츠나 긴팔 티셔츠 착용
3. **12일(토)**
   - 아침: 15°C → 간절기용 외투 또는 얇은 자켓
   - 저녁: 24°C → 편안한 반팔 티셔츠 또는 가벼운 셔츠
4. **13일(일)**
   - 아침: 14°C → 가벼운 니트나 가디건 착용

이처럼 AI를 제대로 활용하면 반복적이고 시간이 많이 소요되는 업무를 빠르고 간단히 처리할 수 있기 때문에 우리는 더 중요한 일에 집중할 수 있습니다. 즉, 누구나 AI를 효율적으로 활용한다면 생산성을 높이고 더 나은 결과를 얻을 수 있습니다. 이제 AI를 단순한 도구가 아닌 팀의 일원으로 여기고, 명확하게 업무를 지시해 업무 생산성을 높여야 합니다.

# 다양한 AI 도구
# 사용법

## 하나의 채팅방에 한 가지 주제

챗GPT와 같은 AI는 주로 대화형 인터페이스를 통해 사용자와 소통하며, 각 대화는 고유한 문맥을 가지고 사용자가 질문한 내용에 따라 진행됩니다. 이를 통해 특정 주제에 대해 집중적으로 대화할 수 있어 관련된 정보를 깊이 있게 탐색할 수 있는 장점이 있습니다. 대화가 이어지는 동안 AI는 일관된 맥락을 유지하며 사용자가 질문한 내용과 관련된 답변을 제공합니다. 이렇게 특정 주제에 대해 반복적인 대화를 나누다 보면 사용자는 그 주제에 대한 이해도를 높일 수 있고, AI도 사용자의 요구에 맞게 더 나은 답변을 제공할 수 있습니다. 그러나 때로는 하나의 채팅방에 여러 가지 주제가 섞이면 답변의 정확성이 떨어지기도 하는데, 이 경우 새로운 대화 창을 열어 질문을 다시 시작하는 것이 좋습니다.

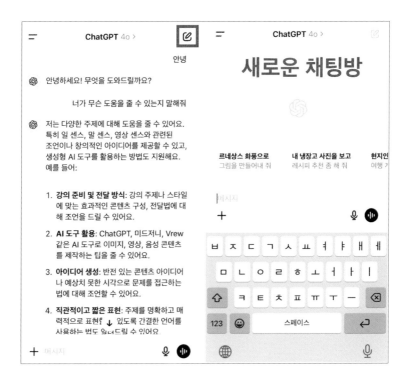

새로운 창에서 대화를 시작하면 AI가 이전 문맥의 영향을 받지 않고, 초기 상태에서 질문을 처리하기 때문에 더 정확하고 적절한 답변을 제공할 가능성이 높아집니다. 이는 복잡한 질문이나 여러 가지 해석이 가능한 질문에 대해 더욱 유용합니다.

# 같은 질문에 매번 다른 대답

AI와 대화를 할 때 사용자의 질문은 주어진 문맥이나 대화의 흐름에 따라 조금씩 다르게 해석될 수 있어 비슷한 질문도 이전 대화의 내용이나 새로운 정보에 따라 답변이 달라질 수 있는데, 그 이유는 확률 기반 생성방식과 다양한 표현방식을 학습했기 때문입니다. 즉, AI는 훈련된 데이터에 기반하여 가능한 여러 답변 중 하나를 확률적으로 선택하므로 같은 질문이라도 답변이 다르게 나올 수 있습니다.

이러한 특성을 통해 챗GPT와 같은 AI는 하나의 채팅방에서 특정 주제에 대해 깊이 있는 대화를 가능하게 하고, 같은 질문에도 다양한 답변을 제공하여 사용자에게 새로운 관점을 제공합니다. 이는 사용자에게 유용한 정보와 새로운 시각을 제시하는 데 큰 도움이 됩니다.

## 다양한 종류의 AI를
## 사용해야 하는 이유

창의적인 작업을 할 때 다양한 AI를 사용해야 하는 이유는 크게 다음과 같습니다.

첫째, 언어 이해와 처리의 강력함입니다. 각각의 AI 도구들은 방대한 데이터를 학습하여 다양한 문맥에서 의미를 파악하고 자연스러운 대화를 할 수 있습니다. 예를 들어 챗GPT는 다양한 주제에 대해 폭넓게 대화할 수 있으며, 클로드는 복잡한 언어처리와 심도 있는 분석에서 뛰어난 성능을 발휘합니다. 이는 사용자의 의도를 정확하게 파악해 더 깊이 있는 대화와 논리적 해결책을 제시합니다.

둘째, 사용 편의성과 접근성입니다. 구글의 제미나이는 유튜브와 같은 플랫폼에서 실시간으로 필요한 정보를 찾아줘 사용자가 원하는 자료를 빠르게 확보할 수 있습니다. 이러한 접근성은 복잡한 과정을 거치지 않고도 원하는 결과를 쉽게 얻을 수 있게 해주며, 실시간으로 최신 정보를 찾을 수 있습니다.

셋째, 다양한 활용성입니다. 생성형 AI는 텍스트 생성뿐만 아니라 이미지, 영상, 음악 등 여러 분야에 걸쳐 적용될 수 있습니다. 특히 챗GPT의 GPTs를 활용하면 더욱 정교한 결과를 얻을 수 있습니다.

이처럼 생성형 AI를 사용할 때, 단순히 하나의 AI만 고집하는 것보다 다양한 AI를 함께 사용하면 더 좋은 결과물을 얻을 수 있습니다. 예를 들어 챗GPT는 텍스트 기반의 작업과 아이디어 구상에, 구글의 제미나이는 실시간 정보 수집과 트렌드 분석에, 클로드는 심도 있는 언어 분석과 복잡한 문제해결에, MS의 코파일럿은 문서 작성, 데이터 분석, 프레젠테이션 작업에 각각 강점을 가지고 있습니다.

따라서 다양한 AI 도구를 용도에 맞게 사용하면 각각의 AI가 가진 장점들을 최대한 활용할 수 있습니다. 마치 도구상자에서 가장 적합한 도구를 꺼내어 사용하는 것처럼, 필요한 업무에 어울리는 AI를 사용하면 더 효과적인 결과물을 얻을 수 있습니다.

# 다양한 AI의 특성 이해하기

가장 대표적인 AI 중 챗GPT, 제미나이, 클로드, 코파일럿의 특징과 장점에 대해 간략하게 정리해 보겠습니다.

### 1) 챗GPT : 아이디어 창출 및 텍스트 생성에 강점

- 아이디어 브레인스토밍 : 챗GPT는 자연스러운 대화로 다양한 아이디어를 구체화하는 데 강점이 있습니다. 프로젝트를 기획할 때 주제에 대해 빠르게 아이디어를 모으고 정리할 수 있습니다. 예를 들어 AI로 만들고자 하는 이미지나 영상의 주제를 설정하거나, 그 주제에 맞는 키워드를 추출하는 데 사용할 수 있습니다.

- 텍스트 기반 콘텐츠 제작 : 챗GPT는 텍스트 생성에 탁월하기 때문에, 프로젝트에서 필요한 설명 글, 문서화 또는 사용자 인터페이스 상의 문구를 작성하는 데 유용합니다. 예를 들어 생성된 이미지에 붙일 설명 글을 작성하거나, 사용자와의 대화를 위한 문구를 미리 설정할 수 있습니다.

### 2) 제미나이(Gemini) : 실시간 트렌드와 멀티미디어 콘텐츠 검색에 강점

- 트렌드 분석 및 자료 수집 : 제미나이는 최신 동영상이나 트렌드를 분석하는 데 매우 유용합니다. 프로젝트에서 최신 트렌드를 반영하려면 제미나이를 이용해 유튜브에서 인기 있는 영상이나 자료를 쉽게 찾을 수 있습니다. 예를 들어 광고 캠페인이나

마케팅 콘텐츠를 만들 때, 실시간으로 인기 있는 비디오 스타일을 참고해 콘텐츠에 반영할 수 있습니다.

- **멀티미디어 자료 검색** : 제미나이는 영상뿐만 아니라 다양한 멀티미디어 자료를 빠르게 검색하는 데 탁월합니다. 프로젝트의 영감을 얻기 위한 동영상이나 음악, 이미지 자료 등을 쉽게 찾아낼 수 있어 창의적인 작업에 도움을 줄 수 있습니다.

### 3) 클로드(Claude) : 복잡한 언어 처리와 심층 대화에 강점

- **심층 대화 및 분석** : 클로드는 심도 있는 대화와 분석을 지원하는 AI로, 복잡한 문제를 논리적으로 풀어나가는 데 탁월합니다. 예를 들어 프로젝트의 디자인이나 콘텐츠에 대한 복잡한 피드백을 받은 경우 클로드를 통해 이를 분석하고 구체적인 개선방안을 찾을 수 있습니다.
- **정교한 언어 생성** : 클로드는 텍스트 생성에서도 높은 정밀도를 자랑합니다. 특히 복잡한 문맥을 처리하거나 논리적으로 정교한 답변을 생성할 때 유용합니다. 예를 들어 구체적이고 전문적인 텍스트가 필요한 상황에서 클로드를 활용하면 정확하고 신뢰할 수 있는 텍스트를 생성할 수 있습니다.

### 4) 코파일럿(Copilot) : AI 이미지 생성 및 최신 정보 검색에 강점

- **문서 작성 및 편집** : 코파일럿은 사용자 입력을 바탕으로 다양한 아이디어를 제안하고, 시각적 요소와 텍스트를 조화롭게 구성해 워드, 엑셀, 파워포인트와 같은 문서의 완성도를 높여줍니다.

- 이미지 생성 및 콘텐츠 제작 : 코파일럿은 AI 이미지 생성 기능을 활용해 사용자가 원하는 스타일의 시각자료를 만들어 줍니다. 이를 통해 프레젠테이션, 보고서, 마케팅 자료를 매력적으로 제작할 수 있습니다.
- 최신 정보 검색 : 실시간 검색 기능을 통해 최신 트렌드와 업계 정보를 반영한 정확한 콘텐츠를 제공합니다.

이처럼 각각의 AI 특성을 이해하고 이를 업무에 맞게 활용하면, 더 많은 아이디어가 떠오르고 효율성 향상을 넘어 창의성을 극대화할 수 있습니다.

참고로 Part 5에서는 각 직업군별로 다양한 AI를 조합해 뛰어난 결과물을 만들어 내는 실전 예시들을 소개하고 있으니, 실제 업무에 적용해 보고 싶은 분들은 참고하시기 바랍니다.

# 3

## AI 활용시
## 기억해야 할 3가지 아이콘

생성형 AI를 활용할 때 기억해야 할 3가지 아이콘이 있습니다. 이 아이콘들은 앞으로 자주 접하게 될 중요한 요소들이니 하나씩 자세히 살펴보겠습니다.

음성 대화          이미지 활용          텍스트 변환

## 음성 대화

　음파 모양은 챗GPT와 음성으로 대화를 나눌 때 사용하는 아이콘으로, 현재 스마트폰과 맥북에서 사용 가능합니다(윈도우 PC는 곧 업데이트될 예정입니다). 음성 대화 기능을 사용하면 마치 사람과 대화를 나누는 것처럼 챗GPT와 편하게 이야기를 나눌 수 있습니다.

　우선 플레이스토어나 앱스토어에서 'ChatGPT'를 다운로드 받고 로그인을 한 후 대화 창 오른쪽에 위치한 음파 모양의 아이콘을 누르면 음성의 종류를 고를 수 있습니다. 챗GPT가 제공하는 다양한 AI의 목소리를 들어보고 마음에 드는 목소리를 선택하면 됩니다.

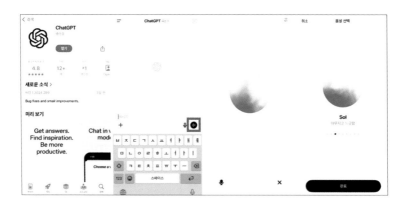

　목소리를 선택했으면 이제 AI와 대화를 나눌 수 있습니다. 동그라미 원이 나오면 대화를 시작합니다. 만약 AI가 영어로 빠르게 말하면 당황하지 말고 [한국어로 천천히 이야기해 줘]라고 명령을 내리면 됩니다. 음성을 통해 나눈 대화들은 텍스트로 자동 저장됩니다.

참고로 고급음성모드는 무료버전에서도 제공되지만 무료 한도를 초과하면 5시간 후 재충전됩니다.

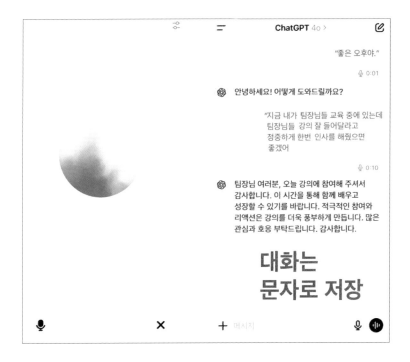

우리가 무언가 도움이 필요할 때 그 분야의 전문가를 찾듯이, 챗GPT를 각 분야의 전문가로 설정해 두고 나만의 선생님처럼 활용할 수 있습니다. 예를 들어 [너는 창작을 잘하는 천재 작곡가야. 가수 악동뮤지션의 이찬혁처럼 감각적인 멜로디와 중독성 있는 리듬을 잘 만들 수 있어. 내가 주제를 던져주면 너는 그 주제에 맞는 감성적인 가사와 멜로디를 추천해 줘]라고 말한 다음, 주제를 이야기해 주면 관련된 가사와 멜로디 아이디어를 다음과 같이 제안해 줍니다.

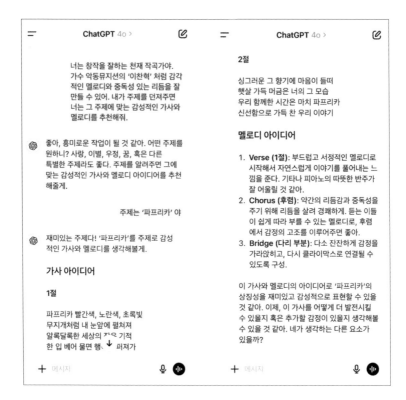

너는 창작을 잘하는 천재 작곡가야.
가수 악동뮤지션의 '이찬혁' 처럼 감각
적인 멜로디와 중독성 있는 리듬을 잘
만들 수 있어. 내가 주제를 던져주면
너는 그 주제에 맞는 감성적인 가사와
멜로디를 추천해줘.

좋아, 흥미로운 작업이 될 것 같아. 어떤 주제를
원하니? 사랑, 이별, 우정, 꿈, 혹은 다른
특별한 주제라도 좋다. 주제를 알려주면 그에
맞는 감성적인 가사와 멜로디 아이디어를 추천
해줄게.

주제는 '파프리카' 야

재미있는 주제다! '파프리카'를 주제로 감성
적인 가사와 멜로디를 생각해볼게.

**가사 아이디어**

**1절**

파프리카 빨간색, 노란색, 초록빛
무지개처럼 내 눈앞에 펼쳐져
알록달록한 세상의 작은 기적
한 입 베어 물면 행복 퍼져가

**2절**

싱그러운 그 향기에 마음이 들떠
햇살 가득 머금은 너의 그 모습
우리 함께한 시간은 마치 파프리카
신선함으로 가득 찬 우리 이야기

**멜로디 아이디어**

1. **Verse (1절):** 부드럽고 서정적인 멜로디로
   시작해서 자연스럽게 이야기를 풀어내는 느
   낌을 준다. 기타나 피아노의 따뜻한 반주가
   잘 어울릴 것 같아.
2. **Chorus (후렴):** 약간의 리듬감과 중독성을
   주기 위해 리듬을 살려 경쾌하게. 듣는 이들
   이 쉽게 따라 부를 수 있는 멜로디로, 후렴
   에서 감정의 고조를 이루어주면 좋아.
3. **Bridge (다리 부분):** 다소 잔잔하게 감정을
   가라앉히고, 다시 클라이막스로 연결될 수
   있도록 구성.

이 가사와 멜로디의 아이디어로 '파프리카'의
상징성을 재미있고 감성적으로 표현할 수 있을
것 같아. 이제, 이 가사를 어떻게 더 발전시킬
수 있을지 혹은 추가할 감정이 있을지 생각해볼
수 있을 것 같아. 네가 생각하는 다른 요소가
있을까?

# 이미지 활용

사진 모양의 아이콘은 이미지를 통해 대화나 질문을 나눌 수 있
는 기능입니다. 이 기능은 멀티모달이 가능한 코파일럿에서 무료로
사용 가능합니다. 우선 플레이스토어나 앱스토어에서 'Microsoft
Copilot'을 다운로드 받고 로그인을 한 후 코파일럿 대화 창에서
'+' 버튼을 누르고 '사진' 아이콘을 클릭하면 스마트폰으로 사진을

찍거나 저장되어 있는 사진을 불러올 수 있습니다.

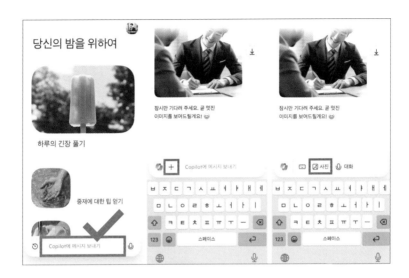

예를 들어 사진을 업로드하고 [이 사진을 보고 떠오르는 영감을 노래 가사로 써줘]라고 하면 '푸른 바다, 끝없는 하늘 / 붉은 옷 입은 너의 뒷모습 / 파도 소리 속에 서서 / 기억을 담는 작은 손길 / 끝없는 수평선 너머로 / 꿈을 그리며 서 있는 너 / 바람이 속삭이는 길 따라 / 우리의 이야기가 시작돼 / 너와 함께 걷는 이 길 ~'과 같이 이미지에 어울리는 노래 가사를 만들어 줍니다.

또는 마음에 드는 사진이 있다면 [이 사진과 비슷한 느낌의 이미지를 ○○스타일로 그려줘]라고 하면 유사한 느낌의 이미지들을 손쉽게 만들 수 있습니다. 이처럼 사진 아이콘을 이용해 이미지에 대한 다양한 질문을 던져 영감을 얻거나 관련된 이미지를 추천받을 수도 있습니다.

## 텍스트 변환

    마이크 모양의 아이콘은 음성을 텍스트로 변환시켜 주는 기능인데, 인식률이 상당히 뛰어나기 때문에 직접 타이핑을 치지 않아도 음성을 손쉽게 텍스트를 변환할 수 있습니다.

    텍스트 변환 기능은 회의나 강의, 인터뷰 등에 유용하며, 생각을 자연스럽게 말로 풀어내면서 아이디어를 정리할 때 좋습니다. 또한 텍스트화된 기록은 검색과 수정이 쉬워 정보관리에도 도움이 됩니다.

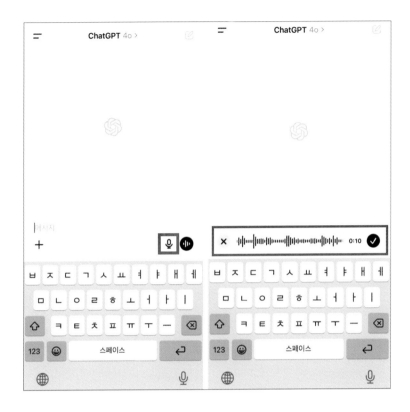

일하는 방식을 새롭게 바꾸는 AI 활용법

# AI 활용을 위한
# 챗GPT 개인화 설정

생성형 AI 중 가장 많이 사용되는 것이 챗GPT입니다. 특히 이미지나 영상을 만들 때에는 프롬프트 작성이 중요한데, 챗GPT는 간단한 프롬프트 입력만으로 사용자가 원하는 스타일이나 분위기의 이미지를 만들어 줍니다.

특히 챗GPT에서 '맞춤 설정' 기능을 설정해 두면 사용자가 원하는 내용에 잘 맞춰진 결과물을 만들어 줍니다. 예를 들어 사용자가 자주 찾는 정보나 선호하는 주제를 미리 설정해 두면 다음 번에 더 빠르고 정확한 답변을 제시할 수 있게 도와줍니다. '맞춤 설정'을 통해 사용자는 시간을 절약할 수 있고, 원하는 정보를 반복적인 시도 없이 쉽게 얻을 수 있어 더 만족스러운 경험을 하게 됩니다.

챗GPT의 '설정'에서 'ChatGPT 맞춤 설정'을 누르면, 다음과 같은 맞춤형 지침이 나옵니다.

- ChatGPT가 더 나은 응답을 제공하기 위해 사용자님에 대해 알아둘 것이 있다면 무엇인가요?
- ChatGPT가 어떻게 응답했으면 하시나요?

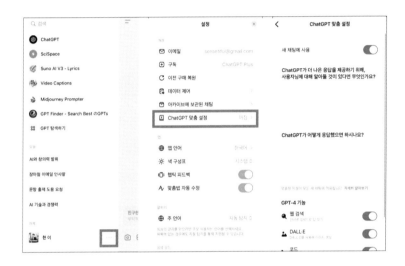

두 가지 질문에 대해 최대한 자세히 작성해 보도록 합니다. 맞춤 설정을 한 번 입력해 두면 이후 채팅에 일괄적으로 적용됩니다. 챗GPT는 내가 한 질문과 답변에 맞춰 메모리를 업데이트시키며 나의 상황을 학습하기 때문에 더욱 정확한 대화를 나눌 수 있습니다. 예를 들어 '유튜브 쇼츠를 주로 만드는 콘텐츠 제작자'는 다음과 같이 맞춤 설정을 해두면 조금 더 일관된 답변을 받을 수 있습니다.

**[ChatGPT 맞춤 설정 예시]**

'ChatGPT가 더 나은 응답을 제공하기 위해 사용자님에 대해 알아둘 것이 있다면 무엇인가요?'

나는 유튜브 쇼츠 전문가입니다. 특히 기업과 공공기관의 쇼츠 콘텐츠 제작에 대한 풍부한 경험과 노하우를 가지고 있습니다. 다양한 기업과 기관의 브랜드 메시지를 짧고 효과적으로 전달하는 방법을 연구해 왔으며, 특히 다음과 같은 부분에서 강점이 있습니다.

· 기업 이미지와 메시지의 전달 : 기업의 미션과 핵심가치를 15초에서 60초 사이의 짧은 영상으로 시청자에게 효과적으로 전달하는 기술을 보유하고 있습니다. 이를 위해 메시지의 간결화, 강렬한 시각적 요소의 사용, 적절한 내레이션과 자막 활용방법을 알고 있습니다.

· 공공기관 캠페인 콘텐츠 : 공공기관의 대중적 메시지나 공익적 캠페인을 짧은 영상으로 친숙하게 표현하는 방식을 전문적으로 다룹니다. 사회적 이슈나 정책을 일반 대중이 쉽게 이해하고 공감할 수 있도록 하는 제작 경험이 많습니다. 이를 통해 어려운 내용을 시각적으로 풀어내는 전략을 잘 이해하고 있습니다.

· 알고리즘 최적화 : 유튜브 쇼츠 알고리즘의 작동방식을 잘 이해하고 있으며, 최대한 많은 사람들에게 도달하기 위해 어떤 종류의 콘텐츠와 해시태그, 썸네일이 효과적인지에 대한 실험적 지식을 가지고 있습니다.

· 타깃 맞춤형 쇼츠 제작 : 특정 고객층(예 : 신입사원, 대중 사용자, 특정 산업 종사자)을 대상으로 쇼츠 콘텐츠를 제작하여 고객의 관심과 참여를 유도할 수 있는 경험이 많습니다.

내 역할은 이러한 강점을 바탕으로 당신이 원하는 목표(브랜드 홍보, 공익 캠페인 참여율 증가, 타깃 그룹 참여 유도 등)에 최적화된 쇼츠 제작 전략을 제시하고, 이를 통해 실제로 기업의 홍보효과를 극대화할 수 있도록 돕는 것입니다.

'ChatGPT가 어떻게 응답했으면 하시나요?'

· 쉽고 짧고 명확하게 이야기해 줘.
· 내가 그다음 질문을 더 잘할 수 있게 역으로 나에게 좋은 질문을 던져줘.
· 대답은 한글로 해줘.
· 단계별로 천천히 생각해 줘.

이런 방식으로 자신의 전문성, 타깃, 목표, 강점 등을 구체적으로 설정해 두면 챗GPT가 사용자에 대해 더 잘 이해하고 적절한 맞춤형 답변을 제공할 수 있습니다.

Part
**2**

# AI로 이미지 만들기
## : 나도 오늘부터 디자이너!

# Ready!

# 1

## 스마트폰으로
## 쉽고 편하게 이미지 만들기

# 이미지 생성용 AI 도구의
# 종류와 특징

1장에서는 스마트폰에서 AI를 활용해 누구나 쉽고 편하게 이미지 생성의 첫걸음을 뗄 수 있는 방법을 안내하겠습니다. 또한 일상 속에서 다양한 아이디어들을 이미지로 구현하는 방법을 살펴보겠습니다.

생성형 AI를 이용해 이미지를 만들 수 있는 도구는 코파일럿, 캔바, MS 디자이너, 이미지 크리에이터, 레오나르도 AI, 미드저니, 스테이블 디퓨전, 어도비 파이어플라이 등 여러 가지가 있습니다. 각각의 장단점은 다음과 같습니다.

| | |
|---|---|
| 코파일럿<br>(Copilot) | 이미지를 제작할 때 AI가 자동으로 디자인 아이디어와 편집을 제안해줘 손쉽게 고품질 이미지를 만들 수 있다. 초보자도 직관적으로 사용할 수 있어 다양한 디자인 작업에 유용하다. |
| 캔바<br>(Canva) | 사용법이 매우 쉽고 다양한 템플릿을 제공하지만, 고품질의 이미지를 만들기는 어렵다. |
| MS 디자이너<br>(MS Designer) | 사용자 친화적인 인터페이스와 SNS 게시물, 초대장 등 다양한 템플릿을 제공해 쉽게 디자인을 만들 수 있다. 기본적으로 무료로 사용이 가능하며, Pro 버전(유료)은 더 많은 이미지를 만들 수 있다. |
| 이미지 크리에이터<br>(Image Creator) | 마이크로소프트의 Bing에서 제공하는 이미지 생성 AI 도구로, 오픈 AI의 달리3 기술을 기반으로 한다. 하루에 15개(부스터)까지 무료로 사용 가능하며, 모두 사용하면 다음 날 다시 충전된다. |
| 레오나르도 AI<br>(Leonardo AI) | 초보자도 쉽게 접근할 수 있도록 직관적인 인터페이스를 제공하며, 복잡한 설정 없이 모델과 스타일만 선택하면 빠르게 이미지를 만들 수 있다. 무료버전은 기본 기능과 150크레딧을 제공하고, 유료버전은 더 많은 크레딧, 고급 기능, 빠른 작업 처리, 상업적 사용 권한을 제공한다. |
| 미드저니<br>(MidJourney) | 텍스트를 기반으로 예술적인 이미지를 만드는 AI로, 창의적이고 독특한 스타일의 이미지를 생성하는 데 강점이 있다. 비교적 사용이 쉬운 반면, 유료 플랜만 사용할 수 있다. |
| 스테이블 디퓨전<br>(Stable Diffusion) | 오픈소스 이미지 AI로, 무료이며 사용자 맞춤형 모델을 생성할 수 있지만, 사용법이 복잡하고 고사양의 하드웨어가 필요하다. |
| 어도비 파이어플라이<br>(Adobe Firefly) | Adobe 제품과의 높은 호환성과 강력한 편집 기능을 제공하지만, 구독 비용이 높고 일부 기능이 제한될 수 있다. |

1장에서는 접근성과 사용법이 쉬운 '코파일럿'과 '캔바'를 이용해 스마트폰으로 이미지를 만드는 방법을 알아보겠습니다.

# 2

---

## 코파일럿으로
## 손쉽게 이미지 만들기

### 코파일럿으로 스마트폰에서 이미지 만들기

스마트폰으로 손쉽게 이미지를 만들기 위해서는 마이크로소프트에서 만든 코파일럿을 추천합니다. 코파일럿은 GPT-4의 최신정보 검색 기능과 멀티모달(이미지 생성)이 무료로 가능하기 때문에 언제 어디서든 쉽게 사용할 수 있습니다. 우선 플레이스토어나 앱스토어에서 'Microsoft Copilot'을 다운로드 받습니다.

코파일럿에 로그인을 한 후 대화 창에 [~를 그려줘]라고 입력하면 곧바로 이미지를 생성해 줍니다. 예를 들어 [HD 현대중공업 직원들이 즐겁게 일하고 있는 모습을 그려줘]라고 텍스트로 입력하면 한 장의 그림이 완성됩니다.

코파일럿이 사용하고 있는 이미지 생성 AI는 '달리3(DALL-E 3)' 입니다. 달리3의 최신 버전은 이전 모델들보다 더 정교하고 정확한 이미지를 생성할 수 있고, 텍스트 프롬프트를 기반으로 다양한 스타일과 세부사항을 반영한 이미지를 만들어 내는데 뛰어난 성능을 보여줍니다. 생성된 이미지를 보면 퀄리티도 상당히 좋다는 것을

AI로 이미지, 영상, 음악 한 번에 끝내기

느낄 수 있습니다. 만약 이미지가 마음에 들지 않는다면 **[조금 더 밝고 자유로운 분위기로 활기차게 일하는 역동적인 모습을 그려줘]**라고 추가적인 요청사항을 적어주면 됩니다.

마음에 드는 이미지는 다운로드 받아서 사용할 수 있습니다. 코파일럿으로 생성된 이미지는 저작권 문제가 없어 자유롭게 사용할 수 있습니다. 하지만 이미지에 포함된 특정한 브랜드나 로고, 인물의 초상권 등은 별도의 허가가 필요할 수 있으니 상업적 사용이나 배포를 할 때에는 저작권 관련 법규를 준수하는 것이 중요합니다.

## 코파일럿으로 아이디어 확장하기

코파일럿은 사진이나 이미지를 인식해 대화나 요청사항을 더 발전시킬 수 있습니다. 예를 들어 평소 인상 깊었던 순간에 찍은 사진을 불러온 다음 [이 사진과 비슷한 느낌으로 포스터를 그려줘]라고 입력하면 비슷한 느낌의 포스터를 그려줍니다. 그리고 여행 중 디자인이 좋다고 생각해 찍은 건축물 사진을 첨부한 후 [이 건물의 형태를 살린 브랜드 로고를 만들고 싶어. exchange나 sense의 의미를 담아 심플한 로고를 만들어 줘]라고 입력하면 비슷한 느낌의 로고를 만들 수 있습니다.

결과물을 보고 추가적으로 수정하고 싶거나 아쉬운 부분들, 예를 들어 [**돌의 거친 느낌을 살려서 명함 스타일로 만들어 줘**]라고 입력하면 다음과 같은 명함 이미지를 만들어 줍니다.

코파일럿을 활용하면 원하는 이미지를 쉽게 만들 수 있고, 사진을 토대로 비슷하거나 혹은 다른 스타일로 그려 달라고 하면 양질의 이미지를 얻을 수 있습니다. 이처럼 코파일럿은 다양한 스타일과 기법을 시도할 수 있어 창의적인 작업에 유리하며, 아이디어를 빠르게 시각화할 수 있어 작업시간을 단축시킬 수 있습니다. 다만 스마트폰에서의 기능은 독특한 스타일을 완벽히 반영하기 어렵고, 복잡한 작업이나 세밀한 디테일을 구현하는 데 한계가 있습니다.

# 캔바로
# 포스터 이미지 만들기

## 캔바

    캔바(Canva)는 그래픽 디자인을 쉽게 만들 수 있는 디자인 도구입니다. 무료로 제공되는 수많은 템플릿, 폰트, 아이콘, 이미지 등을 활용해 포스터, 명함, 프레젠테이션, 로고, SNS 게시물 등을 제작할 수 있습니다. 디자인 감각이 없어도 직관적인 인터페이스 덕분에 드래그 앤 드롭 방식으로 간단하게 이미지를 배치하고 텍스트를 추가하는 등 누구나 쉽게 디자인을 할 수 있습니다. 또한 다양한 파일 형식(PNG, JPG, PDF 등)으로 저장이 가능합니다. 다만 일부 고급기능이나 특정 파일 형식은 유료버전(Canva Pro)에서만 제공됩니다.

## Canva(캔바): 디자인, 사진편집, 동영상 편집

그래픽 디자인 + 로고 메이커

 열기

# 캔바로 포스터 만들기

스마트폰에서 캔바 앱을 다운로드 받아 다양한 스타일의 템플릿을 활용해 로고, 썸네일, SNS 게시물을 만들고 수정할 수 있습니다.

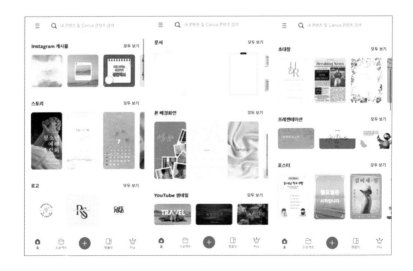

여기에서는 **'여름 휴가를 맞이하여 사용할 포스터'**를 만들어 보겠습니다. 좌측 상단에 있는 '메뉴' 버튼을 누르고, '템플릿'을 선택한 뒤 '마케팅'을 클릭합니다.

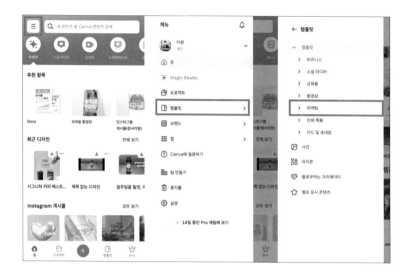

다양한 템플릿 중 '포스터'를 선택하면 '빈 디자인 만들기'와 다양한 포스터 템플릿을 살펴볼 수 있습니다. 템플릿에서 '여름 휴가' 느낌이 나는 포스터를 선택합니다.

포스터 템플릿를 선택하면 다양한 요소나 텍스트, 색상, 글꼴 등을 수정하여 편집할 수 있는 상태가 됩니다. 여기에서는 AI 기능을 사용해 텍스트를 짧게 줄여 보겠습니다.

수정하고자 하는 텍스트를 선택한 후 상단에 보이는 'Magic Write' 아이콘을 클릭해 '짧게 줄이기'를 선택하면 AI를 통해 텍스트를 다양하게 변경할 수 있습니다. 마음에 드는 텍스트가 나오면 하단의 '바꾸기' 버튼을 눌러줍니다.

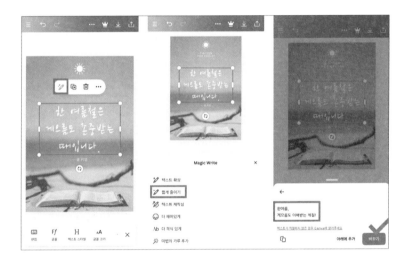

조금 더 눈에 띄게 텍스트 색상을 바꾸고 싶다면 수정할 텍스트를 선택한 후 원하는 색상으로 변경해 주면 됩니다.

추가로 포스터 위에 있는 태양의 이미지를 바꾸고 싶다면 하단의 '요소'를 선택하고, 검색창에 '태양'이라고 검색한 후 우측 하단에서 Pro(유료, 왕관 아이콘)가 없는 이미지를 선택합니다.

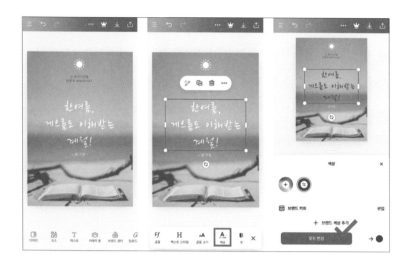

원하는 위치에 태양을 드래그해서 가져가면 태양 이미지를 대체
할 수 있습니다. 마음에 드는 스타일로 수정을 마쳤으면 우측 상단
에 있는 '내보내기' 버튼을 눌러 다운로드 받으면 됩니다.

다운로드는 JPG, PNG, PDF, GIF 등 원하는 파일 형식으로 받아서 사용하면 됩니다. 캔바는 상업적 이용이 가능하지만, 지금처럼 디자인을 변형하여 사용해야 합니다. 변형한 디자인은 SNS, 마케팅 자료, 영업자료 등에서 사용할 수 있고, 상품 판매에도 활용 가능합니다.

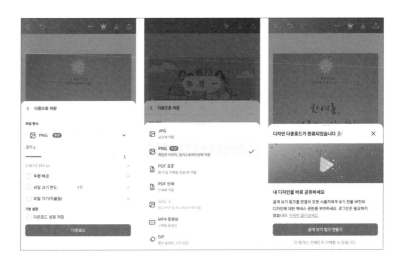

# Set!

# 2

## PC로 디테일하게
## 이미지 만들기

# PC에서
# 고급 옵션 활용하기

2장에서는 PC 환경에서 조금 더 고급스럽고 디테일하게 이미지를 조정하는 방법을 다루며, 이를 통해 완성도를 높이는 과정을 설명하겠습니다. PC는 복잡한 작업을 빠르고 안정적으로 처리할 수 있는 프로세서와 메모리를 제공하며, 큰 디스플레이 화면을 통해 세부사항을 정확하게 확인할 수 있어 작업의 정밀도를 높여줍니다. 이를 통해 단순한 AI 이미지 생성에서 더 나아가, 보다 전문적인 수준의 결과물을 만들 수 있습니다.

그럼 PC의 강력한 기능을 활용해 AI 이미지를 함께 만들어 보겠습니다. 2장에서는 'MS 디자이너'와 '이미지 크리에이터' '레오나르도 AI'를 실습합니다. 자, 그럼 시작해 볼까요?

## MS 디자이너로
## SNS 게시물 만들기

## MS 디자이너

MS 디자이너(Microsoft Designer)는 마이크로소프트에서 만든 AI 기반 디자인 도구로, 사용자가 입력한 텍스트나 이미지를 분석해 자동으로 적합한 디자인 템플릿을 만들 수 있습니다. 파워포인트, 워드, SNS 콘텐츠 등 다양한 디자인 작업에 활용할 수 있으며, 직관적인 인터페이스 덕분에 초보자부터 전문가까지 누구나 쉽게 사용할 수 있습니다.

MS 디자이너의 장점은 무료 기능으로도 충분히 활용 가능한 결과물을 만들 수 있으며, 유료버전에서는 Microsoft 365에서 바로 이미지 생성과 편집을 할 수 있습니다. 무료버전의 경우 하루에 15 개의 '데일리 부스트'를 제공하는데, 이 부스트는 이미지를 생성할 때마다 1개씩 소모되고, 모두 사용하면 다음 날 새로 충전됩니다.

### 1) 어떤 사람이 자주 사용하나요?

- 직장인 및 강사 : 파워포인트 발표 자료나 리포트, 워드 문서 등 비즈니스 및 교육 자료를 빠르게 제작하려는 사람들에게 유용합니다.
- 마케팅 전문가 : 광고 배너, 브로셔, SNS 포스팅 등의 마케팅 콘텐츠를 신속하게 만들 수 있어 브랜드 아이덴티티를 강화하는 데 도움이 됩니다.
- 중소기업 및 소상공인 : 전문적인 디자인 작업에 대한 예산이 부족한 소상공인들이 저비용으로 고퀄리티의 디자인 작업을 할 수 있습니다.
- 일반 사용자 : 개인 블로그나 인스타그램, 페이스북, 링크드인 등의 SNS 게시물에 사용할 이미지를 자동으로 디자인할 수 있습니다.

### 2) 어떻게 활용하면 좋을까요?

- 자동화된 디자인 : 사용자가 텍스트나 이미지를 입력하면 AI가 다양한 템플릿을 제안해 쉽고 빠르게 시각적 자료를 완성할 수 있습니다.
- Microsoft 365 통합 : 파워포인트, 워드, 엑셀 등 Microsoft 도구

와 원활하게 연동되며, 팀즈와 같은 협업 도구에서도 유용하게
사용할 수 있습니다.

• 커스터마이징 가능 : 기본 템플릿을 제공하지만, 필요에 따라 디
자인을 세부적으로 수정할 수 있어 맞춤형 결과물을 만들 수
있습니다.

### 3) 어떤 상황에 유용할까요?

MS 디자이너는 빠르게 디자인이 필요한 상황에서 유용합니다.
예를 들어 회의가 임박했을 때 프레젠테이션 슬라이드를 신속하게
준비하거나, SNS 마케팅에서 빠르게 시각적 콘텐츠를 만들어야 할
때 매우 효과적입니다.

## MS 디자이너 사용방법

PC에서 MS 디자이너https://designer.microsoft.com에 접속해 로그인을 한 후 'AI로 만들기' 'AI로 편집' '처음부터 디자인'에서 작업을 시작할 수 있습니다.

- AI로 만들기 : 프롬프트를 입력해 다양한 이미지, 아이콘, SNS 게시물 등을 만들 수 있습니다.
- AI로 편집 : 이미지 편집, 배경 제거, 스타일 변경, 프레임 이미지 등의 기능을 사용할 수 있습니다.
- 처음부터 디자인 : SNS 게시물 등 양식의 사이즈가 정해져 있는 템플릿이라고 생각하면 됩니다.

여기에서는 'AI로 만들기' 기능을 이용해 **카페에서 새롭게 개발한 신메뉴인 '스파클링 딸기 레모네이드'를 소개하는 포스터**를 만들어 보겠습니다.

우선 상단 프롬프트 창 아래의 'AI로 만들기'를 선택하고 '이미지' 메뉴를 클릭하면 프롬프트를 편집할 수 있는 입력 창이 나옵니다. 여기에 **[상큼한 스파클링 딸기 레모네이드 유리잔, 레몬과 딸기 조각이 보이고 기포가 터지는 모습. 배경은 스튜디오 조명의 밝은 분홍색, 그림자 없음]**이라고 입력합니다.

그리고 하단에 있는 '프롬프트 개선'을 클릭하면 한글로 작성된 프롬프트를 영어로 변환해 AI가 더 정확하게 이미지를 인식할 수 있도록 도와줍니다. 만들려는 이미지의 사이즈를 세로 방향(1024×1792)으로 선택하고 '생성' 버튼을 누르면 다음과 같이 이미지 4장이 생성됩니다. 상큼한 딸기와 스파클링 느낌을 그대로 살려서 청량함을 잘 표현한 이미지가 만들어졌습니다.

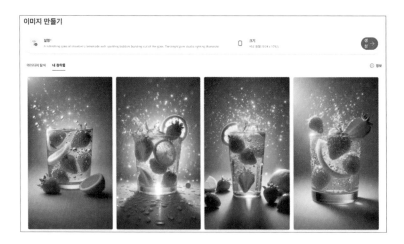

생성된 4개의 이미지 중 마음에 드는 이미지를 클릭하면 이미지를 다운로드 받거나 추가 편집을 할 수 있습니다. 그럼 MS 디자이너의 편집 기능을 사용해 생성된 이미지 안에 메뉴의 이름을 넣고 신제품 출시를 알리는 포스터를 계속 만들어 보겠습니다.

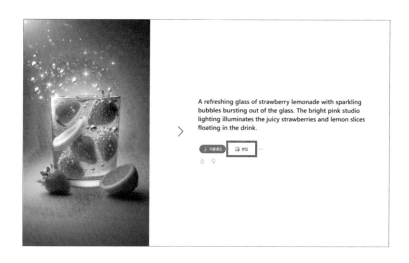

## MS 디자이너로 이미지 편집하기

MS 디자이너의 편집 기능인 'AI 기능 도구'를 활용하면 이미지 바꾸기, 배경 제거, 자르기, 이미지 도구, 빠른 선택, 포지션, 불투명도 등 이미지를 직접 편집할 수 있습니다. 또한 편집 기능은 부스트 차감이 되지 않아 다양한 방법으로 디자인해 보며 원하는 결과에 가깝게 만들어 볼 수 있습니다.

우선 이미지 도구 중 좌측에 있는 텍스트를 클릭하면 다양한 스타일의 텍스트가 제공되는데, 이미지 색상에 맞춰 잘 보이는 스타일을 선택할 수 있습니다.

선택한 텍스트는 이미지 안에 추가되며, 상단에 있는 텍스트 편집 도구를 이용해 색상, 폰트, 크기, 배열, 투명도를 자유롭게 변경할 수 있습니다.

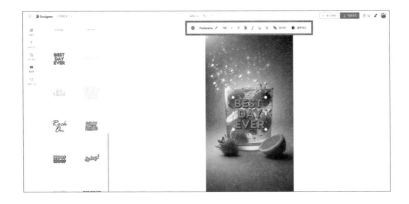

선택된 'BEST DAY EVER'의 텍스트를 신제품 메뉴 이름인 'Strawberry Oasis'(딸기 오아시스)로 바꿔주고, 텍스트의 위치와 크

기, 색상을 조절해 가장 잘 보이는 하단에 배치합니다. 상단에는 이 메뉴가 바로 출시되었음을 알리는 'New arrivals'라는 문구를 넣어 신제품 포스터를 완성합니다.

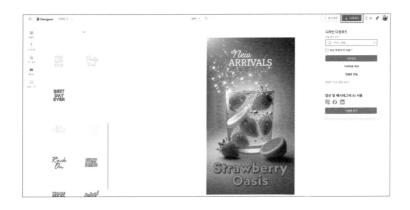

이미지가 마음에 들면 우측 상단에 있는 '다운로드'를 클릭해 PNG(권장), JPEG, PDF 등의 파일 형식으로 다운로드 받아 사용하면 됩니다. 만약 추가로 수정하고 싶은 부분이 있다면 홈 화면 좌측의 '내 프로젝트'을 클릭하면 기존에 작업한 콘텐츠를 불러와 다시 편집할 수 있습니다.

AI로 이미지 만들기 : 나도 오늘부터 디자이너!

# 이미지 크리에이터로
# 이미지 업그레이드하기

## 이미지 크리에이터

마이크로소프트의 이미지 크리에이터(Image Creator)는 Bing에서 제공되는 AI 기반 이미지 생성 도구로, 오픈AI의 최신 DALL-E 3 모델을 사용해 텍스트 설명을 기반으로 이미지를 만들어 줍니다. 앞에서 살펴본 MS 디자이너는 템플릿, 레이아웃 등을 제공해 포스터, 초대장 같은 다양한 디자인을 손쉽게 만드는 데 중점을 두고 있습니다. 반면, 이미지 크리에이터는 사용자가 텍스트로 묘사한 내용을 해석해 새로운 이미지를 생성하고, 특정한 디자인 목표 없이 창의적인 이미지가 필요할 때 주로 사용됩니다.

## 1) 어떤 사람이 자주 사용하나요?

- 디자이너 : 빠르게 이미지 시안을 만들어 내거나, 영감을 얻기 위해 사용합니다.
- 마케팅 담당자 : 광고, SNS 게시물, 캠페인 이미지 등을 만들 때 사용합니다.
- SNS 콘텐츠 크리에이터 : 콘텐츠를 좀 더 눈에 띄게 하기 위해 AI 로 독특한 이미지를 생성합니다.
- 비전문가 : 디자인 기술이 없는 일반 사용자들도 다양한 이미지 를 쉽게 만들 수 있습니다.

## 2) 어떻게 활용하면 좋을까요?

- 브레인스토밍 도구 : 창의적인 아이디어를 시각적으로 빠르게 시 도해 볼 수 있습니다. 예를 들어 어떤 컨셉의 디자인이 잘 맞을 지 여러 가지 버전을 빠르게 만들어 비교할 수 있습니다.
- 콘텐츠 제작시간 절감 : 일일이 이미지를 직접 만들지 않고 AI에 게 맡겨서 원하는 이미지를 빠르게 얻을 수 있습니다.
- 개인 프로젝트 : 블로그나 SNS 콘텐츠에 필요한 다양한 스타일 의 이미지를 직접 만들 수 있습니다.

## 3) 어떤 상황에 유용할까요?

디자인 소프트웨어를 다룰 줄 모르는 사람들도 아이디어를 시각 적으로 빠르게 구체화할 때 유용합니다.

# 이미지 크리에이터 사용방법

이미지 크리에이터 https://www.bing.com/images/create에 접속해 로그인을 한 후 상단의 프롬프트 창에 원하는 이미지를 텍스트로 입력하면 됩니다. 예를 들어 [강아지가 해변에서 노는 모습]을 입력하면 다음과 같이 4장의 이미지를 만들어 줍니다.

여기에서는 제주시 공무원이 **'MZ세대가 공감할 수 있는 세련된 제주 홍보 이미지(인스타그램 게시물)'**를 만드는 방법을 알아보겠습니다. 이미지 크리에이터를 활용해 효율적인 이미지 생성 과정을 4단계로 살펴보겠습니다.

### 1) 주제 설정(키워드)

프롬프트 창에 [바다]라고 입력합니다. 그러면 순식간에 바다의 이미지 4장이 그려집니다.

　그리고 내가 원하는 이미지가 제주도의 바다 모습이라면 [**바다,
제주**]라고 키워드를 추가해 줍니다.

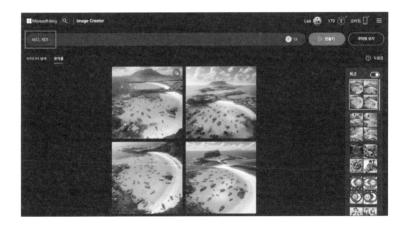

## 2) 키워드 설정(분위기)

　여기에 이미지의 분위기를 함께 설명해 주는 키워드를 추가해
봅니다. 예를 들어 [**파도가 심하게 치는**] [**따뜻한 햇살**] [**눈폭풍이 치는**]
등의 분위기를 나타내는 키워드를 같이 입력해 주면 내가 원하는

분위기에 가까운 이미지가 완성됩니다.

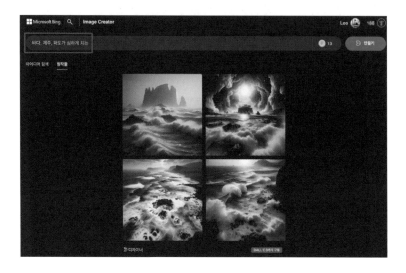

　이때 내가 원하는 이미지가 정확하게 나오지 않는다면 원하는 키워드를 추가로 적어서 [**바다, 제주, 파도가 치는, 잠수복을 입은 해녀, 통발**] 이미지를 다시 만들어 봅니다.

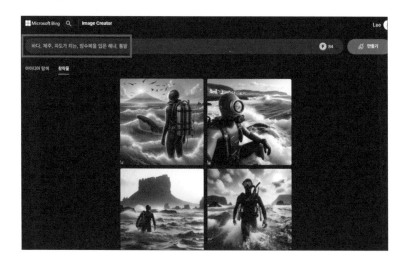

이미지 크리에이터에서는 프롬프트를 작성할 때 문장보다 키워드로 적는 것이 더 좋은 결과를 만들어 주는데, 그 이유는 다음과 같습니다.

첫째, AI가 텍스트를 해석하는 방식 때문입니다. 이미지 생성 AI는 주어진 텍스트를 분석하여 그에 맞는 시각적 요소를 생성하는데, 긴 문장보다는 간결한 키워드가 더 명확하고 직접적으로 의미를 전달합니다. 키워드만으로도 핵심적인 이미지 요소를 쉽게 파악할 수 있기 때문에, AI가 불필요한 정보에 혼란을 겪지 않고 이미지 생성에 집중할 수 있습니다.

둘째, 키워드는 명확성을 제공합니다. 문장으로 프롬프트를 작성하면 여러 의미로 해석될 수 있는 표현이나 문맥적인 애매함이 있을 수 있습니다. 예를 들어 [산 정상에서 보이는 아름다운 풍경]이라는 문장은 AI가 어떤 산, 어떤 풍경을 중점적으로 표현할지 정확히 알기 어렵습니다. 하지만 [산 정상, 아름다운 풍경, 일출, 구름]처럼 키워드로 나열하면 AI가 이미지의 주요 요소들을 명확하게 이해하고 생성할 수 있습니다.

셋째, 속도와 효율성 때문입니다. 간결한 키워드는 AI가 빠르게 핵심정보를 처리하고 이미지를 만드는 데 적합합니다. 키워드로 중요한 정보만 전달하면 AI가 더욱 효율적으로 각 요소를 결합하여 고품질의 이미지를 만들어 낼 가능성이 커집니다.

이러한 이유들로 인해 이미지 크리에이터에서 프롬프트를 작성할 때에는 문장보다는 핵심 키워드를 나열하는 것이 더 좋은 결과를 얻을 수 있습니다.

### 3) 오류 찾기(대응어 찾기)

키워드를 사용해 **'파도가 치는 제주 바다의 잠수복을 입은 해녀 모습'**을 그리려고 했지만 산소통을 들고 있는 남성 잠수부의 이미지가 그려졌습니다. 이는 AI가 정확한 한글 단어의 의미를 파악하지 못하는 경우가 종종 있기 때문입니다. 이럴 때는 구글 번역이나 네이버 영어사전에서 해녀의 영어 단어(female diver)를 찾아 '해녀'를 **[sea woman, female diver]**로 바꿔주면 좀 더 정확한 이미지를 만들 수 있습니다.

참고로 한글 → 한자어 → 영어 순서로 이미지의 결과를 비교해가며 오류를 찾고, 원하는 이미지가 나오도록 키워드를 바꿔보도록 합니다.

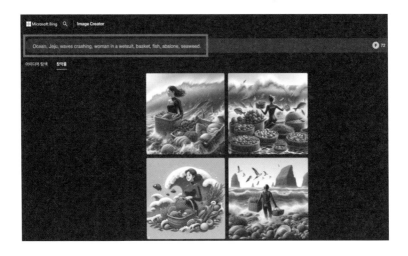

### 4) 구체화하기(묘사, 스타일)

조금 더 고급스러운 이미지를 만들기 위해서는 구체화할 수 있

AI로 이미지, 영상, 음악 한 번에 끝내기

는 묘사나 스타일의 키워드를 적어주면 좋습니다. 예를 들어 [3d keyshot rendering]이나 [lego art]라고 적어주면 이미지의 스타일을 바꿀 수 있습니다.

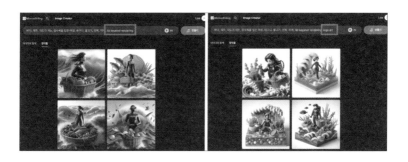

완성된 이미지에서 오류가 있는지 확인하여 최대한 내가 머릿속에 생각한 이미지와 비슷하게 만들어 봅니다. 단어 수를 적게 사용하면서도 내 생각과 크게 오차가 없는 품질 좋은 이미지를 만들어 내는 것이 좋은 이미지 프롬프트를 만드는 방법입니다. 다양한 이미지들을 만들어 보고 내가 원하는 느낌에 가장 가까운 이미지를 선택해서 사용하면 됩니다.

MZ세대의 감성을 잘 담아낸 세련된 제주 인스타그램 홍보 이미지

## 이미지 크리에이터 고급활용법

### 1) 프롬프트 북 활용하기

프롬프트 북 dallery.gallery/the-dalle-2-prompt-book은 달리2에서 제공하는 다양한 묘사나 이미지 효과들을 정리해 놓은 자료입니다. 이 주소에 접속해 프롬프트 북을 다운로드 받고 챗GPT에게 학습을 시킨 후 다양한 효과의 프롬프트를 추천해 달라고 부탁해 보겠습니다.

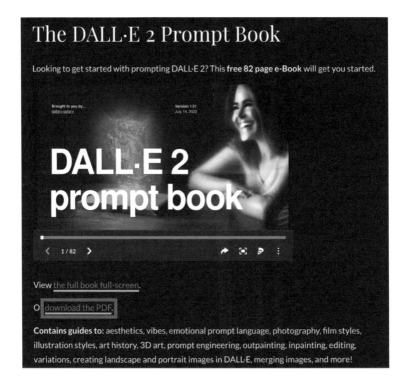

[챗GPT 프롬프트 예시]

위 PDF 프롬프트 북을 학습해 줘. 새로운 영상에 쓸 이미지를 만들려고

하는데 학습한 프롬프트 중 '만류인력의 법칙'을 가장 창의적으로 보여줄 수 있는 키워드를 최소 5개 이상 사용해서 이미지를 그려줘. 사용된 키워드도 함께 적어줘.

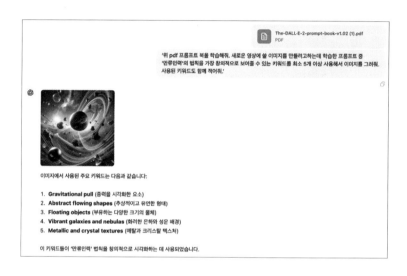

위의 답변처럼 프롬프트 북을 학습한 챗GPT가 원하는 이미지를 구체화된 키워드를 사용해 만들어 줍니다.

## 2) 아이디어 탐색하기

이미지 크리에이터에서 '아이디어 탐색'이란 메뉴를 누르면 프롬프트로 작성된 다양한 예시들을 볼 수 있습니다. 여기서 마음에 드는 이미지의 프롬프트를 복사한 후 그대로 입력하거나 혹은 몇 가지 핵심 키워드를 바꿔주면 비슷한 분위기의 다양한 이미지를 만들 수 있습니다.

　'아이디어 탐색' 메뉴에서 마음에 드는 느낌의 이미지에 마우스 커서를 올리면 해당 이미지의 프롬프트를 확인할 수 있습니다. 이 프롬프트를 복사하여 원하는 배경이나 키워드를 수정해 프롬프트 창에 다시 입력하면 비슷한 느낌의 이미지들을 손쉽게 만들 수 있습니다.

## 레오나르도 AI로
## 고품질 이미지 만들기

### 레오나르도 AI

레오나르도 AI(Leonardo.ai)는 사용자 편의성을 최우선으로 설계하여 초보자도 쉽게 접근할 수 있도록 직관적인 인터페이스를 제공합니다. 따라서 복잡한 설정 없이도 모델과 스타일만 선택하면 빠르게 이미지를 만들 수 있습니다. 또한 모션 배경 삭제와 같은 편리한 원터치 편집 기능을 통해 간단한 클릭만으로도 전문적인 이미지를 만들 수 있어 작업시간을 단축하고 효율성을 높여줍니다. 커뮤니티 피드를 통해 다른 사용자가 만든 이미지를 참고하거나 프롬프트를 바로 복사해 활용할 수 있는 점도 큰 장점입니다.

레오나르도 AI는 무료 플랜과 유료 플랜이 있는데, 무료 플랜은 매일 150크레딧을 제공하며, 기본기능을 이용할 수 있습니다. 유료 플랜의 경우 더 많은 크레딧이 제공되고, 추가기능을 활용할 수 있어 작업량이 많은 사람들에게 유용합니다. 그리고 무료와 유료 모두 상업적 사용 권한을 제공합니다. 우선 무료로 사용해 본 후 필요에 따라 유료로 업그레이드하면 됩니다.

### 1) 어떤 사람이 자주 사용하나요?

- 게임 디자이너 : 게임 캐릭터나 배경을 디자인할 때 고품질 이미지를 빠르게 생성할 수 있습니다.
- 그래픽 디자이너 : 새로운 디자인 아이디어를 빠르게 시각화해 고객에게 제안하거나, 초기 단계의 프로젝트에서 다양한 아이디어를 시각화해 팀과 빠르게 공유하고 발전시킬 수 있습니다.
- 마케팅 전문가 : 시각적으로 인상적인 콘텐츠나 브랜드 캠페인 자료를 만들 때 독창적인 이미지를 만들 수 있습니다.
- 영화 감독 및 영상 제작자 : 영화나 애니메이션의 비주얼 컨셉이나 스토리보드를 빠르게 시각화하고, 캐릭터와 배경의 장면을 구상할 때 유용합니다.

### 2) 어떻게 활용하면 좋을까요?

- 고퀄리티 출력 : AI 기술을 통해 고해상도 이미지를 생성하며, 현실적인 표현부터 초현실적인 표현까지 폭넓은 스타일을 소화할 수 있습니다.

- 창의성 강화 : 사용자가 텍스트를 입력하기만 하면 독창적인 시각자료를 빠르게 생성할 수 있어 디자이너와 제작자의 창의성을 극대화할 수 있습니다.
- 다양한 스타일 : 다양한 이미지 스타일을 적용할 수 있어, 특정 분위기나 장면을 표현할 때 유용합니다. 특히 판타지, SF, 드라마틱한 장면 표현에 뛰어납니다.

### 3) 어떤 상황에 유용할까요?

레오나르도 AI는 비주얼 컨셉을 빠르게 테스트하거나, 프로젝트 초기의 디자인 단계에서 큰 도움이 될 수 있습니다. 텍스트 기반으로 이미지를 만들기 때문에 아이디어의 시각화가 필요할 때 유용하며, 영화·광고·게임 같은 창의적인 분야에서 활용할 수 있습니다.

# 레오나르도 AI
# 사용방법

레오나르도 AI https://leonardo.ai 의 웹사이트에 접속해 로그인을 한 후 기본적인 계정 설정을 완료하고, 무료 사용자로 시작해 보겠습니다.

레오나르도 AI에서 이미지를 생성하는 방법은 매우 직관적입니다. 우선 홈 화면 중앙에 있는 메뉴 중 'image Creation' 버튼을 클릭합니다.

여기에서는 전문적인 스타일을 잘 보여줄 수 있는 **'프리랜서 디자이너나 개발자가 자신을 소개하는 포트폴리오의 표지 이미지'**를 만들어 보겠습니다. 프롬프트 창에 [Minimalist portfolio cover with modern typography and abstract shapes(현대적인 타이포그래피와 추상적인 모양을 갖춘 미니멀리스트 포트폴리오 커버)]라고 입력하고 '생성' 버튼을 누르면 4장의 이미지가 생성됩니다.

화면 왼쪽에는 이미지의 다양한 설정을 조정할 수 있는 세팅 도구들이 있습니다. 여기에서 레오나르도 AI의 여러 기능을 변경하고 설정할 수 있습니다. 그럼 이 기능들을 하나씩 살펴보겠습니다.

### 1) 모델 선택(Presets)

레오나르도 AI는 여러 종류의 모델을 제공합니다. 기본으로 설정된 모델은 'Leonardo Phoenix'입니다. 이외에도 실사 이미지를 원할 경우에는 'Stock Photography' 모델을, 애니메이션 스타일을 원할 경우 'Anime' 모델을 선택할 수 있습니다.

### 2) 프롬프트 향상(Prompt Enhance)

프롬프트를 작성할 때 '오토매틱' 옵션을 사용하면 부족한 프롬프트를 자동으로 향상시켜 줍니다. 'ON' 옵션은 프롬프트를 항상 향상시키고, 'OFF'는 입력된 프롬프트 그대로 이미지를 생성합니다. 오토매틱 옵션을 통해 동일한 프롬프트를 입력하면 다음과 같은 이미지가 생성됩니다.

### 3) 스타일 선택(Preset Style)

모델을 선택한 후에는 스타일을 선택해야 합니다. 레오나르도 AI 는 3D RENDER, 시네마틱, 벡터 아트, 패션 등의 다양한 스타일 옵 션을 제공합니다. 스타일을 선택하면 해당 스타일에 맞는 추가 프 롬프트가 자동으로 입력되는데, 이를 통해 이미지가 더욱 명확하고 구체적으로 생성됩니다. 스타일을 원하지 않으면 'NONE' 버튼을 선택해 프롬프트만으로 이미지를 만들 수 있습니다.

위에서부터 Graphic Design Vector, 3D Render, Sketch(color)

### 4) 이미지 비율 설정(Image Dimensions)

레오나르도 AI는 이미지 비율을 간단하게 설정할 수 있습니다.

1:1, 16:9 등의 기본비율을 클릭으로 선택할 수 있으며, 추가적인 비율을 선택하려면 'More' 버튼을 눌러 다양한 비율을 사용할 수 있습니다. 이 설정을 통해 자신이 사용하는 플랫폼에 맞추어 이미지 크기를 조절할 수 있습니다.

### 5) 이미지 생성 수 선택(Number of Images)

이미지를 한 번에 몇 장 만들 것인지 선택할 수 있습니다. 기본적으로 1장에서 8장 사이에서 선택할 수 있으며, 무료 사용자는 한 번에 4장의 이미지만 만들 수 있습니다. 이 옵션을 활용해 원하는 이미지의 수를 효율적으로 관리할 수 있습니다.

### 6) AI로 이미지 묘사하기(Describe With AI)

프롬프트 입력 창 오른쪽의 ✦ 아이콘을 누르면 프롬프트를 향상시키거나 'Describe with AI' 기능을 이용해 이미지에 맞는 프롬프트를 만들 수 있습니다.

'Describe With AI'를 클릭한 후 이미지를 업로드하고 'Confirm' 버튼을 누르면 하단에 이미지를 설명하는 프롬프트를 얻을 수 있습니다. 이를 다른 AI 플랫폼에서도 유용하게 사용할 수 있습니다.

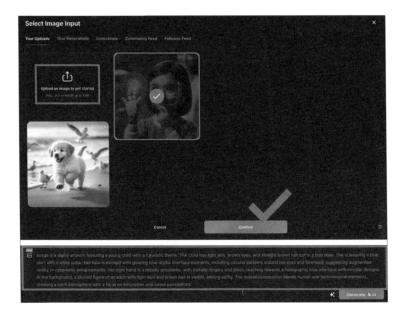

### 7) 리얼타임 젠(Realtime Gen)

Realtime Gen은 AI가 실시간으로 이미지를 생성하는 기능으로, 생성하고 싶은 이미지에 대한 키워드를 입력하고 원하는 스타일이나 추가 설정을 선택한 후 'Generate' 버튼을 클릭하여 이미지를 생성합니다. 결과를 확인한 후 필요시 수정할 수 있습니다. 리얼타임 젠 기능은 웹툰이나 애니메이션 스타일의 이미지를 생성할 때 특히 유용하며, 결과물을 업스케일하거나 개선할 수도 있습니다. 예를 들어 [Baby cat walking on the beach(해변을 걷고 있는 아기고양이)]라고 입력하면 사실적인 이미지를 그려줍니다.

　생성된 이미지의 오른쪽에 표시되는 'Elements'는 레오나르도 AI의 이미지 생성 과정에서 특정 스타일을 선택하고, 슬라이더를 조정해 그 강도를 조절할 수 있게 만드는 패널입니다. 여기서 각 스타일에 대한 설정은 다음과 같습니다.

| Kids Illustration | 부드럽고 따뜻한 아동 동화책 스타일 이미지 생성 |
|---|---|
| Toon & Anime | 만화와 애니메이션 스타일로 변형, 큰 눈과 과장된 감정 표현 강조 |
| Folk Art Illustration | 전통적이고 소박한 민속 예술 느낌을 추가 |
| Coloring Book | 윤곽선만 있는 간단한 선화 스타일로 변환, 컬러링 활동에 적합 |
| Reset | 모든 설정을 기본 상태로 되돌림 |

왼쪽 상단부터 Kids Illustration, Toon & Anime, Folk Art Illustration, Coloring Book

리얼타임 젠(Realtime Gen)은 어린이집 아이들의 컬러링 활동이나 유아용 교재 콘텐츠를 제작하는 데 매우 유용합니다. 특히 'Coloring Book' 옵션을 사용하면 단순하고 명확한 윤곽선을 가진 이미지를 쉽게 만들 수 있어, 아이들이 직접 색칠하며 창의력을 키울 수 있는 교재로 적합합니다. 또한 'Kids Illustration'과 같이 부드럽고 따뜻한 스타일은 유아들에게 친근한 분위기를 제공해 학습자료나 놀이 활동에 이상적인 시각적 경험을 할 수 있게 도와줍니다.

### 8) 업스케일러(Upscaler)

이미지의 해상도를 높여 더 선명한 이미지를 만들어 주는 기능입니다. 홈 화면 위쪽의 'Upscaler'를 클릭하고 업스케일할 이미지를 첨부해 줍니다. 세로선을 기준으로 오른쪽의 이미지가 좀 더 선명하게 업스케일되었음을 확인할 수 있습니다.

화면 왼쪽 하단의 텍스트 프롬프트를 입력하면 AI가 그 텍스트를 바탕으로 이미지를 재구성하거나 보완할 수 있습니다. 예를 들어 [a warmer atmosphere(더 따뜻한 분위기)]와 같은 설명을 입력하면 그에 맞게 조금 부드러워진 이미지를 생성합니다.

참고로 업스케일러는 단순히 해상도를 높이는 반면, 이미지 상단의 'Universal Upscaler' 메뉴는 AI를 통해 더 창의적이고 다양한 변화를 제공할 수 있는 고급 기능을 포함하고 있습니다.

### 9) 캔버스 에디트 모드(Canvas Editor)

캔버스 에디트 모드는 무한한 캔버스 공간에서 자유롭게 작업할 수 있는 기능입니다. 이미지를 생성한 후 텍스트 추가, 배경 수정, 이미지 확장 등 다양한 편집 기능을 활용해 추가로 원하는 결과물을 얻을 수 있습니다.

첨부한 이미지에 텍스트를 넣어 편집하거나 왼쪽 'Select'를 선택하면 이미지를 확장할 수 있습니다. 프롬프트 창에 [**Being chased by the deadline**(마감시간에 쫓기고 있는 배경)]이라고 입력한 후 'Generate' 버튼을 누르면 Select 박스가 위치한 이미지의 왼쪽 부분이 확장된 것을 확인할 수 있습니다.

2

*Go!*

# 3

## 고급 도구로
## 프로처럼 이미지 만들기

1

# 전문가 수준의 AI 활용법, 프로 디자이너가 되는 길

　　3장에서는 고급 디자인 도구를 사용해 AI가 생성한 이미지를 상업적으로 활용 가능한 수준까지 만드는 방법을 알아보겠습니다. 이 과정에서는 이미지의 완성도를 높이기 위한 구체적인 기술을 익히고, 실무에 바로 적용할 수 있는 역량을 키웁니다.

　　고급 도구를 활용하면 창작과정에서 더 많은 기능과 세밀한 조정이 가능하며, 디자인 이론과 실무적 스킬을 통해 프로페셔널한 결과물을 만들 수 있습니다. 이를 통해 고객의 요구를 충족시키고 성공적인 프로젝트를 완수할 수 있는 능력을 갖추는 것이 목표입니다.

　　Go! 고급 도구로 프로답게! 이미지를 발전시키는 과정을 함께 시작해 볼까요?

## 미드저니로
## 고품질 이미지 만들기

### 미드저니

미드저니(Midjourney)는 AI 기반 이미지 생성 플랫폼으로, 텍스트로 입력한 설명을 기반으로 이미지를 생성해 주는 도구입니다. 미드저니는 디지털 아티스트, 디자이너, 콘텐츠 제작자 등이 창의적인 시각자료를 쉽게 만들 수 있도록 도와줍니다. 사용자들은 웹사이트나 디스코드(Discord) 서버를 통해 이미지를 만들 수 있습니다.

#### 1) 어떤 사람이 자주 사용하나요?

• 디지털 아티스트 : 창의적인 작품을 만들기 위해 아이디어 스케

치나 컨셉 디자인에 미드저니를 활용하는 경우가 많습니다.

- 디자이너 : 디자인 영감을 얻거나 시각자료를 빠르게 제작하고 싶을 때 미드저니로 이미지 프로토타입을 만들 수 있습니다.
- 콘텐츠 제작자 : 블로그, 유튜브, SNS 콘텐츠에서 시각적으로 매력적인 이미지를 제작해 활용하는 데 유용합니다.
- 마케팅 전문가 : 제품 광고나 캠페인에 필요한 이미지를 빠르게 제작하여 브랜드의 시각적 매력을 강화할 수 있습니다.

## 2) 어떻게 활용하면 좋을까요?

- 이미지 컨셉 생성 : 미드저니는 텍스트 설명을 바탕으로 이미지를 생성하므로, 디자인 작업 전 아이디어 스케치나 컨셉 아트를 빠르게 제작하는 데 좋습니다.
- 프레젠테이션 및 포트폴리오 강화 : 독창적인 이미지로 프레젠테이션 자료나 포트폴리오에 차별화된 시각적 요소를 추가할 수 있습니다.
- 창의적 실험 : 여러 스타일, 분위기, 색감을 시도하여 창의적 실험을 할 수 있습니다.

## 3) 특화된 장점은 무엇인가요?

- 고품질 이미지 : 미드저니가 생성하는 이미지는 매우 고해상도이며, 세부적이고 복합적인 묘사도 가능합니다.
- 다양한 스타일 : 미드저니는 다양한 미술 양식과 테마를 반영한 이미지를 생성할 수 있어, 특정 분위기나 스타일을 원하는 대

로 표현할 수 있습니다.

- 빠른 반복 작업 : 동일한 텍스트 입력으로 다양한 변형 이미지를 빠르게 생성할 수 있어, 여러 버전의 시각자료를 쉽게 만들어 볼 수 있습니다.

### 4) 어떤 상황에 유용할까요?

회사나 제품의 로고, 브랜딩 이미지가 필요할 때 여러 버전을 시도해 볼 수 있고, 블로그, SNS, 유튜브 썸네일 등 다양한 콘텐츠에 들어갈 이미지를 빠르게 만들 수 있습니다. 또 도서 표지, 웹툰 아이디어 또는 개인 아트워크 등 창의적인 시각자료가 필요할 때 유용합니다.

## 미드저니(웹 버전) 사용방법

미드저니는 6.1 버전이 출시되며 이미지 품질과 속도 면에서 크게 향상되었고, 프롬프트를 쉽게 입력할 수 있게 되었습니다. 특히 이번 업데이트에서 가장 큰 변화 중 하나는 웹 인터페이스가 새로 추가된 것입니다. 이전에는 미드저니를 사용하려면 Discord를 이용해야 했지만, 이제는 웹사이트에서 직접 이미지를 만들 수 있게 되었습니다.

미드저니 웹사이트에서는 이미지 생성뿐만 아니라 이미지를 수정하거나 저장하고, 다른 사람과 쉽게 공유할 수 있습니다. 또한 명령어 없이도 이미지 생성, 편집, 관리를 쉽게 진행할 수 있으며, 생성된 이미지를 한눈에 보고 직관적으로 수정하거나 다운로드할 수 있기 때문에 많은 이미지를 생성하는 사용자에게 유용합니다.

미드저니는 유료 구독을 통해서만 이용할 수 있는데, 미드저니 https://www.midjourney.com 웹사이트에 접속해 로그인을 한 후 홈 화면 왼쪽 하단의 프로필을 클릭하면 'Manage Subscription'에서 유료 플랜을 확인하실 수 있습니다. 유료 플랜은 Basic, Standard, Pro, Mega로 나뉘며, 월간·연간 구독 형태로 제공됩니다. 구독을 시작하면 프롬프트에 사용할 수 있는 크레딧이 증가하고, 작업을 더 빠르게 처리할 수 있는 우선순위가 주어집니다.

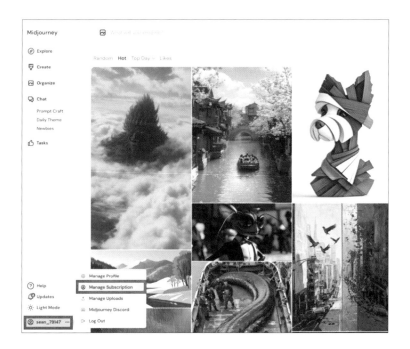

## 1) 프롬프트 작성

미드저니 상단의 프롬프트 입력 창에 원하는 이미지를 설명하는 문장을 입력하면 됩니다. 미드저니는 한글 인식이 부정확할 수 있기 때문에 프롬프트를 영어로 번역해 입력하면 더 정확한 결과물을 얻을 수 있습니다.

이미지를 만들기 위해 원하는 장면이나 사물을 설명하는 텍스트를 입력합니다. 여기에서는 **'새로운 헤드폰 출시를 앞둔 A기업의 마케팅 담당자가 제품을 홍보하는 고급스러운 잡지 모델 이미지'**를 만드는 방법을 알아보겠습니다. 프롬프트 창에 [**male model holding a pair of newly released headphones**(새로 출시된 헤드폰을 착용하고 있는 남성 모델)] 이라고 입력하면 미드저니는 이에 맞는 다양한 이미지를 디테일하게 만들어 줍니다.

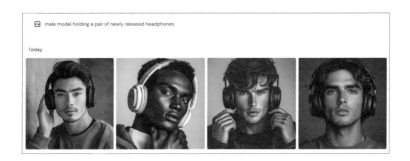

## 2) 세부조정

프롬프트에 세부사항을 추가할수록 더욱 구체적인 이미지가 생성됩니다. 예를 들어 [Resting panda, Vogue-inspired minimalist vibe, Cinematic lighting, Beige minimalist background, Hyper-realistic texture(쉬고 있는 팬더, 보그에서 영감을 받은 미니멀한 분위기, 시네마틱 조명, 베이지 미니멀 배경, 초현실적인 질감)]와 같은 추가 설명을 덧붙이면 다음과 같은 이미지가 생성됩니다.

이렇게 생성된 이미지들은 'Create'에서 확인할 수 있습니다.

### 3) 이미지 변동

여기에서 마음에 드는 이미지에 마우스를 가져가면 'Vary Subtle'과 'Vary Strong' 버튼이 나오는데, 미드저니에서 생성된 이미지를 변형하거나 새로운 버전을 만들 때 사용하는 기능입니다. 이 기능을 이용해 이미지를 추가로 만들 수 있습니다.

- Vary Subtle : 이 옵션을 선택하면 현재 이미지에서 작은 변화만 적용된 새로운 버전의 이미지를 생성합니다. 즉, 원본 이미지와 비슷하지만 조금씩 다른 세부사항을 가진 이미지를 얻을 수 있습니다.
- Vary Strong : 이 옵션을 선택하면 현재 이미지에서 더 큰 변화를 적용한 새로운 버전의 이미지를 생성합니다. 원본 이미지에서 많이 벗어나지 않으면서도 눈에 띄게 다른 이미지를 만들고 싶을 때 사용합니다.

이렇게 만든 이미지는 원본의 이미지와 비슷하거나(헤드폰의 테두리 색상만 조금 변화(위), Vary Subtle), 조금 더 눈에 띄게 바뀐 모습(팬더의 위치, 모델의 포즈, 헤어스타일(아래), Vary Strong)을 확인할 수 있습니다.

생성된 이미지 중에서 마음에 드는 이미지를 선택하면 오른쪽 하단에 이미지 생성 후 사용할 수 있는 다양한 'Creation Actions(생성작업)' 옵션을 볼 수 있습니다.

## 4) Creation Actions

Creation Actions(생성작업)은 미드저니에서 이미지를 생성한 후에 사용할 수 있는 다양한 옵션을 말합니다. 이 기능을 통해 이미지를 변형하거나 해상도를 높이거나 동일한 프롬프트로 다른 이미지를 다시 생성할 수 있습니다. 즉, 생성된 이미지를 더 세부적으로 조정하거나 새로운 버전을 만들 수 있도록 돕는 도구입니다. 변화를 주고 싶은 버튼을 클릭하면 새롭게 이미지가 생성되고, 버튼 위에 표시됩니다.

| | | |
|---|---|---|
| Vary (변형) | Subtle | 이미지에 작은 변화를 주어 새로운 버전을 만듦 |
| | Strong | 이미지에 큰 변화를 주어 새로운 버전을 만듦 |
| Upscale (확대) | Subtle | 이미지의 해상도와 세부사항을 조금 더 높여 업스케일링함 |
| | Creative | 이미지를 창의적으로 변형하여 업스케일링함. 일반적인 업스케일보다 더 많은 변화를 포함할 수 있음 |
| More (더보기) | Rerun | 동일한 프롬프트로 이미지를 다시 생성함 |
| | Editor | 이미지를 편집할 수 있는 도구로 이동함 |
| Use (사용) | Image | 생성된 이미지를 새로운 프롬프트나 작업에 사용함 |
| | Style | 생성된 이미지의 스타일을 다른 작업에 적용함 |
| | Prompt | 사용한 프롬프트를 다른 작업에 다시 사용함 |

# 미드저니 프롬프트 설정방법

미드저니 프롬프트 창 오른쪽에 있는 '설정' 버튼을 누르면 Image Size, Aesthetics(미학), Model, More Options 등 이미지를 직관적으로 수정할 수 있는 창이 나옵니다. 이미지 설정 기능을 하나씩 살펴보겠습니다.

## 1) Image Size(이미지 크기)

이미지를 어떤 비율로 만들지 선택할 수 있는 기능입니다.

- Portrait(세로형) : 세로로 긴 이미지를 만듭니다.
- Square(정사각형) : 1:1 비율의 정사각형 이미지를 만듭니다.

• Landscape(가로형) : 가로로 넓은 이미지를 만듭니다.

이미지 사이즈는 기본적으로 1:1 비율로 되어 있으며, 변경을 원한다면 슬라이더를 움직여 원하는 비율로 설정해 줄 수 있습니다. 슬라이더를 오른쪽으로 움직이면 이미지가 더 크고 자세하게, 왼쪽으로 움직이면 작고 간단하게 만들어집니다.

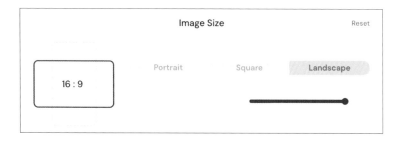

## 2) Aesthetics(미학)

미드저니에서 생성되는 이미지의 스타일과 느낌을 조정하는 기능입니다.

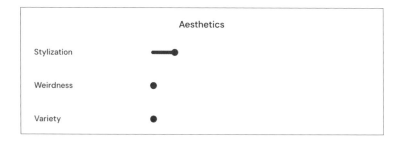

• Stylization(스타일화) : 이미지의 스타일을 조절하는 기능입니다. 슬라이더를 오른쪽으로 움직이면 이미지가 더 강하게 만들어

지고, 왼쪽으로 움직이면 자연스럽고 덜 과장된 이미지가 만들어집니다.

- Weirdness(이상함) : 이미지에 독특하고 기이한 요소들을 얼마나 추가할지 결정합니다. 슬라이더를 오른쪽으로 움직이면 이미지가 더 이상하고 독창적인 모습이 되고, 왼쪽으로 움직이면 일반적이고 예상 가능한 이미지가 만들어집니다.
- Variety(다양성) : 한 번에 생성되는 이미지의 다양성을 조절합니다. 슬라이더를 오른쪽으로 움직이면 더 다양한 스타일과 구성이 나올 확률이 높아지고, 왼쪽으로 움직이면 비슷한 이미지들이 더 많이 생성됩니다.

## 3) Model(모델)

미드저니에서 이미지를 생성할 때 사용하는 AI 모델의 모드와 버전을 선택하는 기능입니다.

- Mode(모드) : 'Standard'와 'Raw' 두 가지 모드 중에서 선택할 수 있습니다. Standard 모드는 미드저니의 기본 스타일을 사용하고, Raw 모드는 더 현실적이거나 다른 느낌의 이미지를

만들어 줍니다.

- Version(버전) : 현재 사용 중인 미드저니 모델의 버전을 선택할 수 있습니다. 예를 들어 6.1 버전은 현재 최신 버전입니다. 버전마다 이미지 생성의 특성이 조금씩 다를 수 있습니다.
- Personalize(개인화) : 이 기능은 사용자 맞춤형 설정을 활성화하거나 비활성화하는 옵션입니다. 'On'으로 설정하면 개인 맞춤형 설정이 적용되고, 'Off'로 설정하면 일반 설정으로 사용하게 됩니다.

### 4) More Options / Speed(속도)

미드저니에서 이미지를 생성하는 속도를 조절하는 기능입니다.

- Relax(느리게) : 이 모드는 이미지 생성 속도가 느리지만, 추가 비용 없이 많은 이미지를 만들 수 있는 옵션입니다. 여유롭게 여러 이미지를 생성하고자 할 때 사용하면 좋습니다(Relax 모드를 사용하려면 Standard 또는 Pro 플랜 이상의 구독이 필요합니다).
- Fast(빠름) : 기본 속도로 이미지를 생성하며, 일반적으로 사용하는 속도입니다. 이 경우 Fast Hours를 소비합니다.
- Turbo(터보) : 매우 빠른 속도로 이미지를 생성합니다. 이 모드는

Fast Hours를 두 배로 소비하며, 결과가 빠르게 필요할 때 유용합니다.

## 프롬프트 창에 이미지 첨부하기

미드저니 프롬프트 창 왼쪽에 있는 이미지 아이콘을 클릭하면 프롬프트에 이미지를 첨부할 수 있습니다. 첨부된 이미지는 텍스트 설명과 함께 사용되어, AI가 생성할 이미지에 참고자료로 활용됩니다.

이미지를 드래그 앤 드롭으로 추가하면 첨부된 이미지의 하단에 다음과 같은 👤 📎 🖼 아이콘이 표시됩니다. 이 아이콘들을 사용하면 프롬프트에 추가한 이미지를 관리하고, 필요한 설정을 쉽게 조정할 수 있습니다.

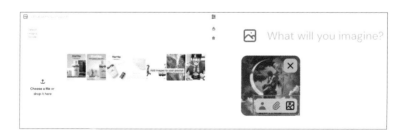

- 프로필 아이콘(왼쪽 아래, 사람 모양 아이콘) : 이 아이콘은 캐릭터 재활용 기능을 나타냅니다. 이를 클릭하면 현재 이미지 속에 있는 특정 요소나 캐릭터를 다음 생성에서 다시 사용할 수 있도록 도와줍니다. 즉, 연속성 있는 이미지를 만들어 내기 위한 도구입니다.

- 클립보드 아이콘(중앙 아래, 클립 모양 아이콘) : 이 아이콘은 스타일 버튼으로, 이를 클릭하면 현재 이미지의 스타일(분위기, 배경, 색감 등)을 유지하면서 유사한 분위기의 이미지를 생성합니다.

- 이미지 아이콘(오른쪽 아래, 사진 모양 아이콘) : 이 아이콘은 이미지와 유사한 이미지를 생성하는 기능입니다. 현재 이미지를 참고하여 비슷한 구조와 요소를 가진 새로운 이미지를 만들어 냅니다.

이미지를 추가한 후, 프롬프트 창에 텍스트 설명을 입력하면 미드저니는 첨부된 이미지와 텍스트 설명을 함께 분석하여 이미지를 생성합니다. 이를 통해 더 구체적이고 원하는 스타일에 가까운 이미지를 만들 수 있습니다. 여기에서는 [rainbow in the style of colorful fantasy realism, pop art(다채로운 판타지 현실주의 스타일의 무지개, 팝 아트)]라고 입력했습니다.

만약 입력한 프롬프트를 다시 사용하고 싶다면 오른쪽 'use text'를 클릭해 프롬프트를 복사합니다. 그리고 첨부된 이미지를 클릭하면 프롬프트 입력 창에 다시 이미지가 첨부됩니다.

원하는 이미지가 나오지 않았다면 프롬프트 오른쪽의 '설정' 버튼을 누르고 다양한 설정 옵션을 바꿔보며 이미지를 다시 생성합니다.

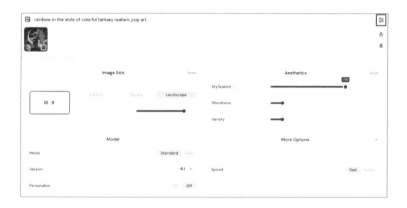

## 챗GPT를 활용해 이미지 프롬프트 만들기

미드저니는 영어를 기반으로 작동하기 때문에 챗GPT나 DeepL

등을 이용해 영어로 번역해 입력하는 것이 좋습니다. 우선 챗GPT 에게 [지금부터 미드저니 6.1 버전의 프롬프트를 만드는 것을 도와줘. 한국 어로 이미지를 설명해 주면 미드저니 6.1 버전에 가장 적합한 영어 프롬프트 를 3개 알려줘]라고 입력합니다.

---

지금부터 미드저니 6.1 버전의 프롬프트를 만드는 것을 도와줘.
한국어로 이미지를 설명해주면 미드저니 6.1 버전에 가장 적합한 영어 프롬프트 를 3개 알려줘.

🌐 물론이야! 이미지 설명을 해주면, 그 설명을 바탕으로 미드저니 6.1 버전에 최적화된 영어 프롬프트 세 개를 만들어 줄게. 이미지 설명을 해줘!

---

그리고 내가 원하는 이미지에 대한 설명을 [도서관에서 일을 하고 있는 사서의 모습을 조금 감각적으로 아름답게 표현하고 싶어]처럼 입력 하면 챗GPT가 프롬프트를 추천해 줍니다.

---

도서관에서 일을하고 있는 사서의 모습을 조금 감각적으로 아름답게 표현하고 싶 어.

🌐 Prompt 1:
"A librarian quietly working amidst towering bookshelves, bathed in soft golden light filtering through tall windows. Dust particles dance in the air, creating a warm, ethereal atmosphere. The scene has a vintage, romantic feel with rich, earthy tones, evoking a sense of tranquility and knowledge. Hyper-detailed, cinematic lighting, shallow depth of field, 85mm lens, f/1.4."

Prompt 2:
"An artistic portrayal of a librarian immersed in her work, surrounded by abstract shapes and flowing lines representing the exchange of ideas and knowledge. The colors are soft pastels with delicate, dreamy lighting. The scene feels surreal, with a slight blur on the edges and exaggerated proportions to enhance the creative vibe. Painted illustration style, ethereal lighting, 4K resolution."

Prompt 3:
"A modern librarian in a sleek, minimalist library. The design is clean and sharp, with glass walls reflecting the natural light. She's focused, reading a book at a high-tech desk surrounded by digital screens. Cool blue and white tones dominate, with a hint of futuristic aesthetic. Shot in a professional photography style, 3D render, 8K, photorealistic."

---

챗GPT가 추천한 프롬프트를 하나씩 복사해 미드저니 프롬프트 입력 창에 붙여넣으면 하나의 프롬프트마다 4개의 이미지가 만들어집니다. 입력한 프롬프트는 이미지 오른쪽에 표시되고, 기본 설정된 미드저니 6.1 버전을 사용한 1:1 사이즈의 이미지가 생성됩니다.

만약 원하는 이미지가 나오지 않거나 비슷한 이미지의 아이디어를 찾고 싶다면 생성된 이미지 중 가장 유사한 이미지를 선택한 후, 화면 오른쪽 돋보기 모양 아이콘을 누르면 비슷한 느낌의 다른 이미지들을 탐색할 수 있습니다.

원하는 느낌의 이미지를 탐색한 후 선택하면 해당 이미지, 스타일, 프롬프트를 참고해 이미지 아이디어를 확장할 수 있습니다.

## GPTs를 활용해 맞춤형 프롬프트 만들기

챗GPT의 왼쪽 사이드바를 보면 'GPT 탐색'이라는 메뉴가 있습니다. 이 메뉴를 누르면 마치 플레이스토어나 앱스토어에서 앱을 다운로드 받아 사용하는 것처럼 챗GPT에 사용할 수 있는 다양한 전문 챗봇과 대화를 나눌 수 있습니다. 'GPT 탐색'을 누르고 '미드저니' 또는 'Midjourney'라고 입력하면 다음과 같이 다양한 GPT들이 나옵니다.

여기서 미드저니 프롬프트 작성에 전문화되어 있는 GPT를 찾아서 사용하면 미드저니에 최적화된 맞춤형 프롬프트를 만들 수 있습니다. 예를 들어 'Midjourney Prompter'라는 챗봇을 이용해 프롬프트를 만들어 이를 미드저니의 입력 창에 붙여넣으면 주어진 키워드를 기반으로 창의적이고 다양한 스타일의 이미지를 쉽게 만들 수 있습니다.

### Midjourney Prompter

Generate Midjourney prompts in seconds.

★ 4.3    Productivity    50K+

대화 스타터

Architecture            Food

Portrait                Cinema

평가

☆
☆
☆
☆
☆

Ruben Hassid의 작업 더 보기

Headline-GIFT
Find your Linkedin headline – from Ruben Hassid. More at easygen.io.

체팅 시작

저는 **MidJourney**를 활용해 이미지 창작을 돕는 전문가로, 주어진 키워드를 기반으로 창의적이고 상세한 프롬프트를 만들어내는 것이 특기입니다. 예를 들어, "초현실적인 풍경"을 만들고 싶다면, 다양한 각도와 스타일로 네 가지 독창적인 프롬프트를 생성할 수 있습니다. 다음은 제가 잘하는 일의 예시입니다.

**Prompt 1:**
"An ethereal desert landscape at dawn, with giant glass spheres floating above the sands, casting soft rainbow reflections. Surreal lighting, cinematic lens flare, hyperrealism, 8K resolution, intricately detailed with delicate textures, inspired by Salvador Dali."

**Prompt 2:**
"A floating island covered in bioluminescent trees and plants, drifting in the night sky. Dark, mystical atmosphere with soft moonlight, hyper-detailed foliage, 3D render, 8K resolution, cinematic lighting inspired by the works of James Cameron's Avatar."

**Prompt 3:**
"An abstract futuristic cityscape with towering crystalline structures reflecting neon lights, submerged partially in water. Mirror reflections on the water surface, intricate architectural details, Octane render, 8K, inspired by the cyberpunk aesthetic of Blade Runner."

**Prompt 4:**
"A dreamlike underwater scene with a colossal whale swimming through a forest of giant glowing mushrooms. Deep blues and purples dominate the palette, volumetric lighting, hyperrealistic detail, 3D rendering, 8K resolution, inspired by the imagination of Hayao Miyazaki."

이처럼 다양한 스타일과 테마를 섞어 네 가지 전혀 다른 느낌의 이미지를 만드는 것이 제가 잘하는 일입니다.

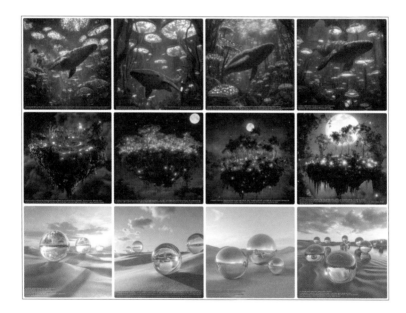

# Midjourney Prompter를 활용해
# 사내 회의 장면 이미지 만들기

이번에는 '사내 발표 자료에 사용할 회사 내 활기찬 회의 장면의 이미지'를 만들어 보겠습니다. 챗GPT의 'Midjourney Prompter'에 한글로 [활기차고 모던한 회의실에서 팀원들이 브레인스토밍하는 장면을 자세히 묘사해 줘]라고 입력합니다.

---

"활기차고 모던한 회의실에서 팀원들이 브레인스토밍하는 장면을 자세히 묘사해 줘."

 **Prompt 1:**

A modern meeting room filled with natural light, where team members are actively brainstorming around a large, sleek table. The room features contemporary furniture, high ceilings, and a minimalistic aesthetic, with colorful sticky notes and laptops scattered on the table. The scene is vibrant, with diverse individuals in animated discussion, mid-century modern decor elements in the background, 8K resolution, cinematic lighting, photorealism, and a warm atmosphere of collaboration and creativity.

**Prompt 2:**

A vibrant and bustling brainstorming session in a stylish and modern office. The meeting room has glass walls, futuristic furniture, and large digital whiteboards filled with colorful notes. Diverse team members are deep in discussion, some standing, others seated, with gestures of enthusiasm and engagement. The atmosphere is dynamic, with soft afternoon sunlight streaming through, accentuating the sleek, polished surfaces and green indoor plants. The image captures an ultra-detailed moment of creative exchange, with hyperrealistic reflections and cinematic lighting.

**Prompt 3:**

A cozy yet sleek meeting room featuring a mix of modern Scandinavian and industrial styles—exposed brick, steel frames, and light wood accents. The focus is on a group of professionals brainstorming, sitting and standing around a central table, laughing, and scribbling ideas on a whiteboard wall. The space is lively, filled with a warm ambiance, accent lighting highlighting the faces of each person, capturing moments of creativity and teamwork. Shot with a wide-angle lens for an immersive feel, with a shallow depth of field for detailed emphasis on interaction.

---

이렇게 만들어진 영문 프롬프트를 복사해 미드저니에 입력하면 구체적인 이미지가 만들어집니다.

　Midjourney Prompter를 사용하면 복잡한 영어 표현을 고민할 필요 없이 한글로 간단히 원하는 내용을 입력하기만 해도 자동으로 적절한 영문 프롬프트로 변환됩니다. 이를 통해 이미지 생성과정이 훨씬 수월해지고, 시간도 절약할 수 있어 창작에 집중할 수 있는 환경을 제공합니다.

## 니지 모드로
## 애니메이션 이미지 만들기

　미드저니에서 'Niji' 모드는 주로 애니메이션 스타일의 이미지를 생성하는 기능입니다. 니지 모드는 일본 애니메이션, 만화, 게임 아트와 같은 스타일에 최적화되어 있어 좀 더 캐주얼하고 귀여운 이미지를 만들 때 유용합니다. 예를 들어 큰 눈, 강렬한 색감, 캐릭터의 독특한 표현 등이 포함된 이미지를 만들 수 있어 애니메이션 팬들이나 게임 아트에 관심 있는 사람들에게 특히 인기가 많습니다.

니지 모드를 사용하려면 미드저니 프롬프트 오른쪽의 '설정' → '모델' → 'version'에서 'Niji' 모드를 선택하면 됩니다. 더 발전된 애니메이션 스타일 이미지 생성 기능을 사용하고 싶다면 최신 버전인 'Niji 6' 버전을 선택합니다.

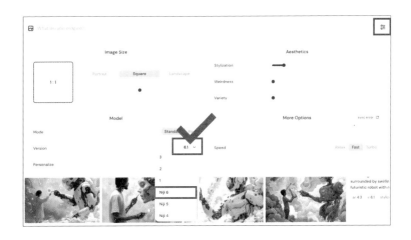

그리고 챗GPT의 'Midjourney Prompter'에서 [**타는 듯한 무더운 여름이 지나고 기분 좋은 선선한 바람이 부는 가을의 냄새를 나타내는 일본 애니메이션 느낌이 강한 이미지를 그리고 싶어. 미드저니의 niji 6 버전을 사용해 이미지를 만들 때 최적화된 프롬프트를 3개 작성해 줘**]라고 입력해 프롬프트를 작성합니다.

타는 듯한 무더운 여름이 지나고 기분 좋은 선선한 바람이 부는 가을의 냄새를 나
타내는 일본 애니메이션 느낌이 강한 이미지"를 그리고 싶어. 미드저니의 niji 6
를 사용해서 이미지를 만들 때 최적화된 프롬프트를 3개 작성해 줘

⑤ 다음은 일본 애니메이션 스타일을 강조한 가을의 선선한 분위기를 표현하기 위한 최적화된 프롬프트 3가지야. 각 프
롬프트는 미드저니 niji 6에 최적화되어 있으니 사용하면 원하는 느낌을 더 잘 구현할 수 있어:

1. "A peaceful autumn day, with golden leaves swirling in the wind, a lone character standing on
   a quiet path surrounded by vibrant orange and yellow trees, soft sunlight filtering through the
   branches, anime style, niji 6, highly detailed background, warm yet refreshing atmosphere"

2. "A cool autumn breeze gently blows through a Japanese countryside, a character wearing a
   light jacket walks down a path covered in fallen leaves, the sky tinged with soft pastel pink
   and orange hues, anime style, niji 6, cinematic wide angle, tranquil and nostalgic feel"

3. "An anime scene of a serene autumn afternoon, a girl sitting on a bench in a park, sipping hot
   tea while watching the golden leaves fall around her, distant mountains and a calm lake in the
   background, niji 6, warm yet crisp air, detailed leaves and soft lighting"

만들어진 프롬프트를 복사해 미드저니에 입력하면 다음과 같은
이미지를 만들 수 있습니다.

참고로 앞에서 만들어 봤던 [활기차고 모던한 회의실에서 팀원들이 브레인스토밍하는 장면을 자세히 묘사해 줘]를 Niji 모드에서 동일하게 입력하면 다음과 같은 느낌의 애니메이션 이미지를 만들 수 있습니다.

# 미드저니 디스코드 버전으로
# 이미지 만들기

## 미드저니의 디스코드(Discord)

    미드저니는 웹페이지뿐만 아니라 디스코드라는 채팅 애플리케이션을 통해서도 사용할 수 있습니다. 디스코드는 다양한 커뮤니티와 소통할 수 있는 플랫폼으로, 명령어를 통해 이미지를 생성합니다. 또한 커뮤니티 기능을 통해 다른 사용자들과 피드백을 주고받으며 협업할 수 있습니다. 이러한 이유로 웹 버전과는 다른 매력을 제공합니다.

### 1) 디스코드 초기 설정방법

디스코드 https://discord.com 홈페이지로 이동합니다. 디스코드 계정이 없으면 '웹브라우저에서 Discord 열기' 버튼을 눌러 계정을 만듭니다(이미 계정이 있다면 로그인을 합니다). 이메일, 사용자명, 비밀번호, 생년월일을 입력하고, 이메일 인증을 요청하면 이메일 인증을 완료합니다.

미드저니를 이용하기 위해서는 'subscribe' 채널에서 유료 플랜을 선택해야 합니다. 웹사이트로 연결되어 요금제 선택 및 결제가 진행됩니다. 기본, 스탠다드, 프로 플랜 중에서 선택할 수 있습니다.

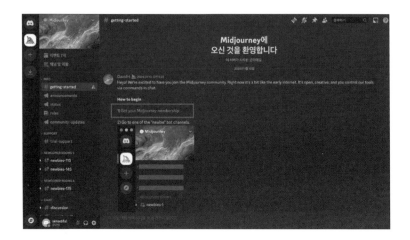

## 2) 새 디스코드 서버 만들기

기본 미드저니 서버에서는 이미지가 실시간으로 여러 유저와 공유되기 때문에, 내가 생성한 이미지를 따로 확인하기가 불편합니다. 이를 해결하기 위해서는 새 디스코드 서버를 만들어 미드저니 봇을 추가하면 나만의 공간에서 이미지 생성과 관리가 가능하게 됩니다.

디스코드 화면 왼쪽의 '+(서버 추가하기)'를 누르면 '서버 만들기' 팝업이 표시되는데, 여기서 '직접 만들기'를 선택하고 '나와 친구들을 위한 서버' 옵션을 선택합니다. 이후 '서버 커스터마이즈하기' 화면에서 'Upload' 항목에 대표 이미지를 첨부하고, 서버 이름을 입력합니다.

화면 왼쪽 상단에 'sensetiful'이라는 이름의 새 디스코드 서버가
생성되었습니다.

### 3) 미드저니 봇 추가하기

디스코드에서 만든 새로운 서버에 미드저니 봇을 추가하는 이유
는 개인공간에서 작업하기 위해서입니다. 기본 미드저니 서버에서
는 내가 만든 이미지가 다른 사람들에게 공개되기 때문에 불편할
수 있습니다. 하지만 새로운 디스코드 서버를 만들고, 거기에 미드
저니 봇을 추가하면 나만의 비공개 공간에서 이미지를 생성하고 관
리할 수 있어 작업이 훨씬 편리합니다. 이렇게 하면 내가 원하는 대

로 결과물을 자유롭게 다룰 수 있습니다.

왼쪽의 미드저니 아이콘을 클릭하면 다양한 사람들이 이미지를 생성하고 있는 서버(newbies-115, 145)에 참여할 수 있습니다.

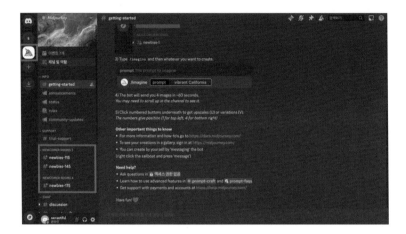

'newbies-' 서버들을 선택해 들어가면 화면 오른쪽에 사람들이 만들고 있는 이미지가 실시간으로 생성됩니다. 생성된 이미지 앞의 미드저니 아이콘을 클릭하고 '앱 추가' 버튼을 누릅니다.

그리고 미드저니 봇을 새로 생성할 'sensetiful' 서버에 사용자 지정을 해서 추가할 수 있습니다. 이 과정을 거치면 'Midjourney Bot님이 서버에 막 등장하셨어요'라는 메시지가 나옵니다. 이제 새로운 개인 서버에서 이미지를 생성할 수 있게 준비가 되었습니다.

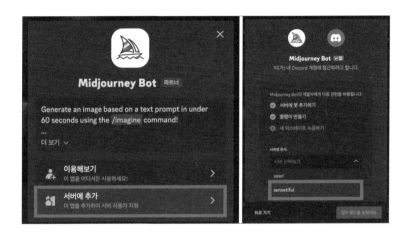

## 미드저니 디스코드 사용방법

미드저니 디스코드에서 이미지를 생성하는 방법은 메시지 입력 창에 [/imagine] 명령어를 입력하고 엔터를 누르면 [/imagine prompt] 창이 활성화됩니다. 이 프롬프트 창에 원하는 이미지를 설명하는 텍스트를 입력하면 됩니다. 예를 들어 태권도 학원 관장님이 **'아이들이 태권도하는 이미지'**를 만들고 싶다면 [/imagine]을 입력한 후 프롬프트 창에 [Korean children doing Taekwondo]라고 입력하면 미드저니가 해당 설명을 바탕으로 4장의 이미지를 만들어 줍니다.

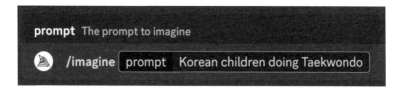

프롬프트를 입력해 이미지를 생성하면 4가지의 이미지와 하단에
10개의 버튼이 생성됩니다. 이 버튼은 미드저니에서 자주 사용하게
될 기본기능으로, U(Upscale), V(Variation) 그리고 새로고침 기능입

니다. U와 V 뒤에 있는 숫자는 상단 왼쪽부터 1, 2, 3, 4 순서로 배정되어 있습니다.

생성된 이미지는 디스코드 채널에 표시되고, 클릭해서 확대하거나 다운로드할 수 있습니다. 만약 프롬프트를 수정하고 싶다면, 다시 '/imagine' 명령어를 사용해 새로운 텍스트를 입력하면 됩니다. 자주 사용하는 명령어는 '/'를 입력하면 상단에 표시가 됩니다.

### 1) 업스케일(Upscale)

U 버튼을 클릭하면 선택한 이미지의 확대된 버전을 얻을 수 있습니다. 예를 들어 생성된 이미지 하단의 'U3' 버튼을 클릭하면 디테일한 이미지로 정교하게 업스케일된 이미지를 볼 수 있습니다. 그리고 이미지 하단의 메뉴를 이용해 다양한 변화를 줄 수 있습니다.

| | |
|---|---|
| Upscale(Subtle) | 이미지를 고해상도로 만드는 과정에서 디테일을 적당히 유지하면서 자연스럽게 확대한다. |
| Upscale(Creative) | 고해상도로 만들면서도 창의적인 방식으로 이미지의 요소를 더 강조하여 확대한다. |
| Vary(Subtle) | 기존 이미지와 비슷하게 작은 변화를 준다. |
| Vary(Strong) | 기존 이미지에서 크게 벗어나도록 강한 변화를 준다. |
| Vary(Region) | 특정 영역을 선택해 그 부분만 수정하거나 변화를 준다. |
| Zoom Out 2x<br>Zoom Out 1.5x | 이미지를 줌 아웃하여 더 많은 배경을 추가한다.<br>2x는 더 많이, 1.5x는 조금 더 넓게 확장한다. |
| Custom Zoom | 사용자가 직접 줌 아웃 비율을 정해 이미지를 확장한다. |

### 2) 베리에이션(Variation)

V 버튼을 클릭하면 선택한 이미지와 유사하게 생성되는 것을 알 수 있습니다. 마음에 드는 부분이 있어 나머지 부분만 바꾸고 싶다면 베리에이션을 사용하면 됩니다. 예를 들어 'V3' 버튼을 클릭하면 3번 이미지를 기반으로 새롭게 변형된 이미지를 생성할 수 있습니다. 세팅 메뉴를 통해 변형의 강도를 설정할 수 있습니다.

### 3) 새로고침

새로고침 버튼을 누르면 또 다른 4장의 이미지를 생성합니다.

베리에이션을 이용해 유사하게 변형된 이미지

# 디스코드 미드저니 프롬프트의
# 3가지 요소

디스코드 미드저니에서 이미지를 생성할 때 프롬프트의 3가지 요소를 사용하면 사용자가 원하는 결과물에 최대한 근접하게 만들 수 있습니다.

우선 '이미지 프롬프트'는 미드저니가 참고할 이미지의 URL 주소를 입력하는 기능으로, 이 주소를 통해 미드저니는 특정 이미지를 기반으로 새로운 이미지를 만들어 냅니다. 그리고 '멀티 프롬프트'

는 사용자가 원하는 이미지를 텍스트로 설명하는 기능입니다. 구체적인 설명을 통해 미드저니가 이를 바탕으로 이미지를 생성할 수 있도록 돕습니다. 마지막으로 '파라미터'는 사용자가 직접 원하는 생성방식을 입력하는 기능입니다. 여기에는 이미지의 크기, 스타일, 비율 등과 같은 세부적인 설정을 조정할 수 있는 옵션이 포함되어 있습니다. 이 모든 요소들이 조화를 이루어야 내가 원하는 결과물을 정확하게 얻을 수 있습니다. 하나씩 예시를 통해 살펴보겠습니다.

### 1) 이미지 프롬프트

이미지 프롬프트는 텍스트만으로 원하는 스타일을 완벽하게 반영하기 어려울 때 사용합니다. 이미지를 활용해 기존 이미지의 스타일, 색감, 구성 등을 유지하면서 새로운 변형된 이미지를 만들 수 있습니다. 예를 들어 [매출 기록 경신에 환호하는 자영업자]라는 텍스트로 생성된 이미지가 마음에 들었다면, 그 이미지를 프롬프트로 활용해 비슷한 분위기의 다른 이미지를 얻을 수 있습니다.

또한 텍스트만으로 복잡한 장면이나 세부적인 디테일을 설명하기 어려울 때도 이미지 프롬프트는 큰 도움이 됩니다. 원하는 구도나 특정 디테일을 가진 이미지를 프롬프트로 사용하면 미드저니가 더 정확한 결과를 만들어 낼 수 있습니다.

미드저니에서 이미지 프롬프트를 사용하려면 먼저 이미지를 업로드해야 합니다. 프롬프트 입력 창에서 '+' 버튼을 누르고 '파일 업로드'를 선택해 이미지를 업로드하거나, 웹에 있는 이미지의 URL을 사용할 수 있습니다. 업로드할 이미지의 주소(URL)는 이미지를 마우스 오른쪽 버튼으로 클릭하고 '이미지 주소 복사'를 선택해 얻을 수 있습니다.

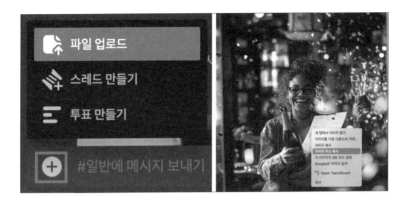

그리고 '/imagine'을 입력한 후 프롬프트 창에 [**Self-employed people cheer for breaking sales records**(매출 기록 경신에 환호하는 자영업자)]라고 입력한 후, 이미지 스타일과 일관성을 유지하는 파라미터인 '**--sref**'를 넣고, 뒤에 복사한 이미지 URL 링크를 붙여주면 기존 이미지의 스타일을 참조해 비슷한 느낌의 이미지를 만들어 줍니다.

### 2) 멀티 프롬프트

멀티 프롬프트는 여러 개의 프롬프트를 결합해 다양한 요소가 조화롭게 반영된 이미지를 생성할 수 있는 기능입니다. 이를 통해 복잡하고 풍부한 이미지를 만들 수 있습니다. 멀티 프롬프트는 각 프롬프트를 '콤마(,)'로 구분하거나, 더 구체적으로 가중치를 부여하여 사용합니다.

우선 여러 개의 프롬프트를 콤마(,)로 구분하여 입력하면 각 프롬프트가 이미지에 반영됩니다. 예를 들어 [a futuristic cityscape, neon lights, flying cars, night time]라고 입력하면 '미래적인 도시 풍경' '네온 조명' '날아다니는 자동차' '밤 시간'의 요소들이 결합된 이미지가 생성됩니다. 이 경우 모든 프롬프트가 동일한 비중으로 반영됩니다.

그리고 멀티 프롬프트에 가중치를 부여하여 특정 프롬프트를 더 강조할 수도 있습니다. 가중치는 '::'를 사용하여 설정하며, 가중치를 활용하면 특정 요소를 더 두드러지게 만들 수 있습니다. 예를 들어 [a futuristic cityscape::2, neon lights::1, flying cars::3]라고 입력하면 '날아다니는 자동차'가 가장 강하게 반영되고, 그다음으로 '미래적인 도시 풍경'과 '네온 조명' 순으로 반영됩니다. 가중치가 높을수록 해당 요소가 이미지에 더 큰 영향을 미칩니다. 이를 통해 보다 구체적이고 의도된 이미지를 만들 수 있습니다.

### 3) 파라미터

파라미터는 이미지 생성과정에서 세부설정을 조정하는 기능입니다. 예를 들어 이미지의 크기, 스타일, 세부사항 등을 설정할 수 있습니다.

| 파라미터 | 설명 |
|---|---|
| --no [요소] | 특정요소를 배제하고 싶을 때 사용한다. 예를 들어 '--no trees'라고 입력하면 나무가 없는 이미지를 생성한다. |
| --ar [비율] | 이미지의 종횡비(Aspect Ratio)를 설정한다. 예를 들어 '--ar 16:9'는 16:9 비율의 이미지를 생성한다. |
| --c [값]<br>(카오스 파라미터) | 이미지를 생성할 때 랜덤성과 창의성을 조절한다. 값이 클수록 더 예측 불가하고 창의적인 결과물이 나온다. |
| --sref [참조 이미지] | 참조 이미지를 기반으로 이미지를 만들 때 사용한다. 입력한 이미지와 유사한 스타일의 결과물을 얻을 수 있다. |
| --w<br>(괴상함 파라미터) | 이미지의 독창성과 기이함을 조절한다. 이 값을 높이면 더 독특하고 기이한 이미지가 생성된다. |
| --q [값]<br>(퀄리티 파라미터) | 이미지의 품질을 조정한다. 값이 높을수록 더 높은 품질의 이미지를 생성하지만, 생성시간이 더 오래 걸린다. 예를 들어 '--q 2'는 기본값보다 두 배 더 높은 품질을 의미한다. |
| --stylize [값]<br>(스타일화 파라미터) | 이미지에 스타일링 정도를 조정한다. 높은 값을 입력하면 이미지가 더 예술적이고 독특하게 표현된다. 예를 들어 '--stylize 1000'은 기본 값보다 더 강하게 스타일링된 이미지를 생성한다. |
| --seed [숫자] | 특정 숫자를 지정해 이미지 생성 시 동일한 결과물을 얻을 수 있다. 시드를 설정하면 동일한 프롬프트로도 같은 이미지를 반복 생성할 수 있다. 예를 들어 '--seed 12345'는 특정 시드번호로 이미지를 생성한다. |
| --v [버전]<br>(버전 파라미터) | 미드저니에서 사용하는 모델의 버전을 선택할 수 있다. 예를 들어 '--v 5'는 버전 5의 모델을 사용해 이미지를 생성한다. |
| --uplight | 업스케일링을 할 때 더 부드럽고 자연스러운 결과를 얻기 위해 사용한다. 기본 업스케일보다 디테일이 덜 강조되지만, 보다 자연스러운 이미지를 만든다 |
| --tile | 반복 패턴을 만들 때 사용하는 파라미터이다. 이 옵션을 사용하면 타일형 패턴으로 반복되는 이미지를 생성할 수 있다. |
| --aspect [비율] | 이미지의 종횡비를 설정하는 또 다른 방법으로 '--ar'과 동일하다. 예를 들어 '--aspect 1:1'은 정사각형 비율을 설정한다. |
| --video | 이미지 생성과정을 비디오로 기록해 주는 파라미터이다. 결과물뿐 아니라 이미지가 생성되는 과정을 동영상으로 확인할 수 있다. |

이 중 자주 활용하는 '--seed'와 '--sref' 파라미터 사용법에 대해 알아보겠습니다.

### • 일관성을 얻기 위한 파라미터 '--seed'

미드저니에서 만들어 낸 이미지들은 고유번호를 지니고 있는데, 이 번호를 시드값이라고 합니다. '--seed' 파라미터는 이 번호를 사용해 동일한 이미지를 재생성하는 기능이지만 업스케일된 이미지에서는 추출할 수 없고, 최초 생성 결과물에서만 추출이 가능합니다.

디스코드에서 이미지 생성 창 오른쪽 상단의 '반응 추가하기' 버튼을 누르고 [envelope]라고 입력한 후 봉투 아이콘 모양을 선택합니다.

그러면 왼쪽 하단에 '이모지로 반응했어요'라는 메시지가 오고, 디스코드 왼쪽 상단 프롬프트 창의 Seed 뒤에 숫자로 적혀있는 시드값을 확인할 수 있습니다.

최초 결과물과 똑같은 텍스트 프롬프트를 [A freelancer working on a laptop, a child asking for attention(노트북 작업을 하는 프리랜서, 관심을 요청하는 아이)]라고 입력하고 스페이스바로 한 칸 띈 다음 [--seed 3112678217] 파라미터를 입력하고 엔터를 눌러 이미지를 생성하면 과거에 생성했던 이미지와 똑같은 이미지를 다시 생성할 수 있습니다.

AI로 이미지, 영상, 음악 한 번에 끝내기

• 다양성을 얻기 위한 파라미터 '--sref random random random'

미드저니에서 사용하는 '--sref random random random' 파라미터는 이미지 생성 시 다양한 요소들을 무작위로 적용해 예측할 수 없는 창의적인 결과를 도출하려는 의도를 가지고 있습니다. 여기서 'sref'는 이미지나 스타일 참조(Style Reference)를 의미하며, 'random random random'은 참조할 스타일이나 요소를 무작위로 설정하는 방식입니다.

즉, 이 명령어는 미드저니가 미리 정해진 스타일이나 특정 참조 이미지를 따르지 않고, 무작위 요소들을 혼합하여 전혀 새로운 결과물을 만들어 내도록 유도하는 것입니다. 이렇게 하면 예측 불가한 독창적인 이미지를 얻을 수 있습니다. 예를 들어 태권도하는 모습 [Korean children doing Taekwondo]라는 프롬프트를 입력한 후 [--sref random random random]이라고 입력하면 다음과 같이 다양한 이미지를 얻을 수 있습니다.

# AI로 영상 만들기

: 나도 이제 숏폼 전문가!

# Ready!

# 1

## 스마트폰으로
## 쉽고 편하게 영상 만들기

1

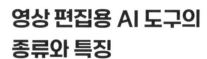

## 영상 편집용 AI 도구의
## 종류와 특징

스마트폰을 활용해 영상 작업을 하면 복잡한 장비나 소프트웨어 없이도 언제 어디서나 즉시 촬영을 하고 편집할 수 있어 빠르게 콘텐츠를 만들 수 있습니다. 특히 요즘은 AI를 활용한 영상 편집 기술이 많이 발전해 스마트폰에서도 다양한 AI 도구들을 편리하게 사용할 수 있습니다. 예를 들어 자동 자막 생성, 장면 전환, 색 보정, 배경음악 추천 등 다양한 AI 기능을 사용할 수 있는 앱들이 출시되어 초보자도 복잡한 기술 없이 원하는 효과를 적용해 영상을 쉽게 만들 수 있습니다.

특히 숏폼 동영상의 경우 스마트폰을 활용해 간단히 편집할 수 있습니다. 숏폼 영상은 짧은 시간 안에 시청자의 관심을 끌어야 하기 때문에 AI 기술을 활용하면 시각적 임팩트와 흥미를 극대화할 수 있습니다. AI 도구들은 자동으로 하이라이트를 추출하거나, 장면을 분석해 가장 효과적인 편집 타이밍을 추천해 주고, 템플릿이나 자동효과 기능을 사용하면 단시간에 고품질의 영상을 완성할 수 있습니다. 이를 통해 더 많은 콘텐츠를 빠르게 제작하고 업로드할 수 있어 크리에이터에게 유용합니다. 다음은 영상 편집에 유용한 AI 도구입니다.

| | |
|---|---|
| 브루<br>(Vrew) | 자막 생성과 편집에 특화된 도구로, 자동으로 음성을 인식해 자막을 생성하며 사용법도 매우 간편하다. 초보자도 쉽게 사용할 수 있는 직관적인 인터페이스를 제공하지만, 영상의 세밀한 편집기능은 제한적이다. |
| 캡컷<br>(CapCut) | 직관적인 인터페이스와 다양한 기능 덕분에 초보자도 영상을 자르고, 붙이고, 필터나 효과를 추가하는 등의 작업을 간편하게 할 수 있다. 무료버전에서도 기본적인 기능을 사용할 수 있다. 특히 틱톡과 연동이 잘되어 있고, 짧은 영상 제작에 유용하다. |
| 마지스토<br>(Magisto) | SNS 콘텐츠용 영상을 간편하게 만들 수 있으며 사용자 지정 테마를 적용할 수 있지만, 고급 편집기능이 부족하다. |
| 인비디오<br>(invideo) | 다양한 템플릿을 제공해 초보자도 쉽게 사용할 수 있고 빠른 편집이 가능하지만, 커스터마이징이 제한적이다. |
| 루마 드림머신<br>(Luma Dream Machine) | 액션 장면이나 빠르게 변하는 장면을 구성하는 데 매우 효과적이지만, 안정적인 스토리텔링은 다소 부족할 수 있다. |
| 레오나르도 AI<br>(Leonardo.AI) | 영화적인 느낌의 샷과 인물을 만드는 데 뛰어나 시네마틱한 영상을 제작하는 데 적합하다. |
| 런웨이<br>(Runway) | 립싱크 기능을 통해 대사를 정확하게 구현할 수 있으며, 다양한 짧은 장면을 실험해 볼 수 있는 기회를 제공한다. |
| 어도브 프리미어 프로<br>(Adobe Premiere Pro) | 강력한 편집기능과 다양한 커스터마이징 옵션을 제공한다. 고사양의 장비가 필요하고 구독비용이 비싸 주로 전문가들이 많이 사용한다. |

# Vrew로
# 손쉽게 영상 만들기

## Vrew

브루(Vrew)는 음성인식 기반 자막 생성 및 편집 도구로, 영상에서 자동으로 음성을 분석해 자막을 생성하고 편집할 수 있는 기능을 제공합니다. Vrew는 자막 작업을 빠르게 하고 싶은 사용자들에게 특히 유용합니다. 주로 콘텐츠 제작자, 유튜버 그리고 인터뷰나 회의 녹화물에 자막을 추가하는 경우에 많이 활용됩니다.

### 1) 어떤 사람이 자주 사용하나요?

• 유튜버나 SNS 콘텐츠 제작자 : 영상 콘텐츠의 가독성을 높이기 위

해 자동 자막을 추가하려는 사용자들에게 유용합니다.

- 강사나 교육자 : 교육 영상이나 강의자료에 자막을 신속하게 추가해 학습자의 이해도를 높이려는 경우에 적합합니다.
- 기업 : 인터뷰 영상이나 회의 녹화물에 자막을 추가해 직원 간의 소통을 개선할 수 있습니다.
- 자막 작업이 부담스러운 초보 편집자 : 직관적인 인터페이스를 제공하기 때문에 초보자도 쉽게 자막을 추가하고 편집할 수 있습니다.

### 2) 어떻게 활용하면 좋을까요?

- **자막 자동 생성** : Vrew는 음성을 분석해 자동으로 자막을 생성하기 때문에 시간을 절약할 수 있습니다.
- **영상 편집과 결합** : 영상 편집 툴과 결합해 자막을 추가하거나 편집 후 영상을 완성하는 데 사용할 수 있습니다.
- **다국어 자막** : 다양한 언어를 지원하기 때문에, 외국어 콘텐츠나 다국적 대상의 콘텐츠에 적합합니다.
- **발음 교정** : 자동으로 생성된 자막을 통해 발음 오류를 쉽게 확인하고 수정할 수 있어, 인터뷰나 회의 내용의 정확도를 높일 수 있습니다.

### 3) 어떤 상황에 유용할까요?

Vrew는 자막을 직접 입력하는 작업이 부담스러운 강의 영상이나 인터뷰 영상에 자동으로 자막을 달 수 있고, 여러 언어를 사용하는 글로벌 콘텐츠에서 각기 다른 언어 자막을 빠르게 생성하고 편집할 수 있습니다. 또한 긴급하게 영상 콘텐츠를 제작하고 배포해야 할 때 빠르게 자막을 추가하고 수정할 수 있습니다.

무료버전으로도 기본적인 기능을 충분히 사용할 수 있으며, 유료버전의 경우 워커마크 삭제, AI 이미지 다운로드 등의 기능을 사용할 수 있습니다. 다만 텍스트로 비디오 만들기 AI 기능은 Vrew PC 버전에서만 사용이 가능하며, PC 버전의 사용법은 다음 장에서 자세히 설명하겠습니다.

## 스마트폰에서
## Vrew 사용방법

플레이스토어나 앱스토어에서 'Vrew' 앱을 다운로드 받고 로그인을 한 후 '새 프로젝트'를 선택하면 스마트폰에 저장되어 있는 영상과 사진, 음성 파일을 가져올 수 있습니다.

여기에서는 **'영업사원이 고객을 만날 때 자신을 소개하는 영상'**을 만들어 보겠습니다. 사전에 이미지 생성형 AI인 코파일럿을 이용해 만들어 놓은 [정장을 입은 남자 영업사원] [전화를 하며 바쁘게 일하는 모습] [고객과 악수를 하는 모습] [계약서에 사인하는 모습] 등의 이미지들을 모두 선택한 후 '다음' 버튼을 누르면 사진과 함께 텍스트를 입력할 수 있는 창이 나옵니다.

빈 텍스트 박스를 클릭하면 영상 장면에 어울리는 텍스트를 입력하는 창이 나오는데, 이곳에 [**안녕하세요. ○○○ 고객님, 오늘 만나뵙게 될 영업사원 '이현'입니다**]라고 입력하면 화면 중앙에 텍스트가 표시됩니다. 오른쪽에 있는 펜 모양의 아이콘을 클릭하면 글자, 배경, 위치 등의 추천 스타일을 바로 적용할 수 있습니다.

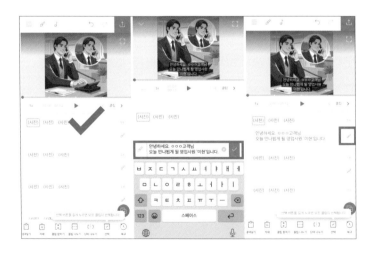

화면에 표시되는 다양한 글자 스타일과 배경, 위치, 크기 등을 바꿔가며 세부 설정을 할 수 있습니다.

화면 상단의 '음표' 모양은 무료 배경음악이나 내 음악을 불러올 수 있는 기능입니다. 이 기능을 이용해 영상의 컨셉과 어울리는 무료 음악을 선택합니다.

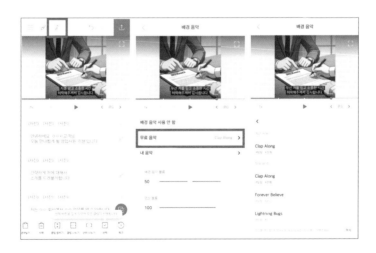

서식과 스타일 설정이 모두 끝났으면 영상 하단의 '재생' 버튼을 눌러 편집한 영상과 텍스트가 제대로 나오는지 확인하고, 수정할 사항이 없으면 오른쪽 상단 '내보내기' 버튼을 누른 후 파일 형식과 해상도, 포맷을 선택합니다. 편집한 영상은 Vrew 앱에 접속하면 미리보기 형태로 볼 수 있으며, 원고나 자막 파일을 불러와 추가 수정도 가능합니다.

## Vrew AI 음성인식 활용방법

Vrew의 큰 장점 중 하나는 음성을 텍스트로 자동 변환해 주는 AI 기능입니다. 우선 사전에 찍어놨던 영상을 선택하고 '음성인식 언어'를 '한국어'로 설정하면 자동으로 음성 분석을 해줍니다. 완성된 음성 자막은 오타 등이 없는지 확인하고, 간단히 텍스트 수정을 해주면 됩니다. 마찬가지로 오른쪽 펜 모양의 아이콘을 눌러 자막 스타일과 서식을 바꿔줄 수 있습니다.

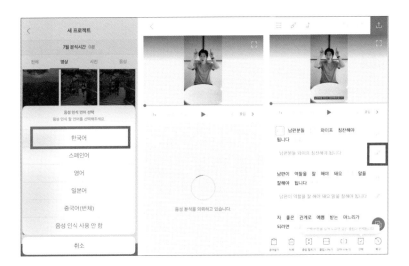

# CapCut으로
# 손쉽게 영상 편집하기

## CapCut

CapCut은 영상 편집 앱으로, 특히 모바일 기기에서 쉽게 사용할 수 있어 인기가 많습니다. 직관적인 인터페이스와 다양한 기능 덕분에 영상 편집 경험이 많지 않은 사람도 영상을 자르고, 붙이고, 필터나 효과를 추가하는 등의 작업을 간편하게 할 수 있습니다. 특히 틱톡과 연동이 잘되어 있고, SNS용 짧은 영상 제작에 유용합니다.

### 1) 어떤 사람이 자주 사용하나요?

• 틱톡 사용자 : CapCut은 틱톡과의 호환성이 높아, 틱톡 크리에

이터들이 짧은 영상을 만들고 편집하는 데 자주 사용합니다.

- SNS 콘텐츠 제작자 : 유튜브 쇼츠, 인스타그램 릴스 등 짧은 영상을 만드는 사람들에게 인기입니다.
- 초보 영상 편집자 : 직관적인 인터페이스 덕분에 영상 편집에 익숙하지 않은 사람도 쉽게 사용할 수 있습니다.
- 광고 및 마케팅 전문가 : 빠르게 편집하고 배포해야 하는 SNS용 영상 광고를 제작할 때 유용합니다.


## 2) 어떻게 활용하면 좋을까요?

- 음악 및 사운드 효과 추가 : 내장된 음악 라이브러리와 다양한 사운드 효과를 통해 영상을 더욱 풍부하게 만들 수 있습니다.
- 필터와 이펙트 적용 : 다양한 필터와 특수효과를 사용해 전문적인 느낌의 영상을 간단히 제작할 수 있습니다.
- SNS 바로 업로드 : 편집이 끝난 영상을 틱톡, 유튜브 등 SNS에 바로 업로드할 수 있습니다.


## 3) 어떤 상황에 유용할까요?

CapCut은 짧은 클립 영상을 빠르게 제작하고 공유하는 크리에이터들에게 유용하며, 자동 자막 기능으로 유튜브나 인터뷰 영상에 언어별 자막을 쉽게 추가할 수 있습니다. 모바일 중심의 편집 도구라 컴퓨터 없이도 어디서든 간편하게 편집할 수 있어 이동 중이나 긴급한 상황에 적합합니다. 또 많은 기능을 무료로 제공하고 있어, 유료 구독 없이도 고품질의 영상을 만들 수 있습니다.

AI로 영상 만들기 : 나도 이제 숏폼 전문가!

# CapCut 사용방법

CapCut에서 영상을 만들기 위해서는 플레이스토어나 앱스토어에서 'CapCut'을 다운로드 받고 로그인을 한 후 '새 프로젝트'를 선택해 스마트폰에 저장되어 있는 영상을 추가할 수 있습니다.

여기에서는 **'도서관에 방문하는 시민들을 위한 짧은 영상'**을 만들어 보겠습니다. 우선 Gen-2를 사용해 만든 **[감각적인 도서관의 모습]** 영상을 가져오겠습니다(파트 3의 3장 'Gen-2, Gen-3로 영상 만들기'를 참고하세요).

영상이 추가되면 무료로 제공되는 오디오나 텍스트 효과 등 다양한 편집기능을 이용해 영상을 손쉽게 편집할 수 있습니다.

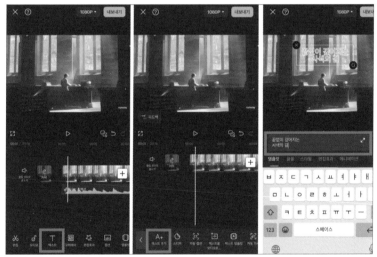

영상의 스타일에 맞춰 텍스트와 글꼴, 편집효과를 보기 좋게 바꿔보겠습니다. 자막의 위치와 길이는 텍스트 막대의 하얀 부분을 늘리거나 줄이면서 조절해 줍니다. 전체 영상을 재생하며 수정할 부분이 없다면 우측 상단의 '내보내기' 버튼을 누르면 출력이 됩니다.

## CapCut 자동컷(Auto Cut) 사용방법

CapCut의 자동컷(Auto Cut)은 AI가 영상을 분석하고 자동으로 중요한 장면을 선택하여 편집해 주는 기능입니다. 이 기능은 영상 제작시간을 단축하고, 초보자도 쉽게 매력적인 영상을 만들 수 있도록 돕습니다. 이렇게 분류된 클립 중에서 AI는 가장 적합한 장면을 선택해 자연스럽게 편집하고, 음악이 추가되면 비트에 맞춰 장면 전환도 자동으로 조정됩니다. 자동 편집 후에는 사용자가 원하는 대로 수정할 수 있으며, 특히 쇼츠나 틱톡 같은 짧은 영상 제작에 시간을 절약하면서도 전문가 수준의 결과물을 얻을 수 있습니다.

사용방법은 '새 프로젝트' 위의 '자동컷' 아이콘을 클릭하고 편집할 영상을 선택해 줍니다. 그러면 AI가 영상 클립을 분석해 자동으로 가장 적합한 클립들을 선택해 편집을 합니다. 영상의 흐름이나 목적에 따라 클립들이 자동으로 배치되며, 추가적인 편집이 필요하지 않은 자연스러운 편집본을 제공합니다.

　화면 하단에 있는 다양한 템플릿을 선택하면, AI가 자동으로 편집한 영상과 스타일이 적용된 영상을 바로 확인할 수 있습니다. 추가 편집이 필요할 경우, 하단의 '더 편집하기'를 선택해 템플릿 사운드나 CapCut의 기본 편집 설정을 세부적으로 조정할 수 있습니다.

1

Set!

2

PC로 디테일하게
영상 만들기

3

invideo AI로
영상 만들기

## invideo AI

　invideo AI는 사용자가 쉽게 동영상을 만들고 편집할 수 있도록
도와주는 AI 기반의 비디오 제작 도구입니다. invideo AI는 텍스트
나 이미지를 입력하면 자동으로 관련된 영상 클립, 음악, 자막 등을
추천하고 조합해 주어 빠르고 간편하게 동영상 콘텐츠를 만들 수
있습니다. 동영상 편집 경험이 적은 사람도 쉽게 사용할 수 있으며,
다양한 템플릿과 기능을 제공해 프로페셔널한 결과물을 얻을 수 있
습니다.

## 1) 어떤 사람이 자주 사용하나요?

• 초보 영상 편집자 : 복잡한 소프트웨어 없이 쉽고 빠르게 영상을 만들고자 하는 사용자들이 사용합니다.

• 마케팅 전문가 : 광고 영상, 브랜드 홍보자료 등을 만들 때, 이미 제공된 템플릿을 통해 빠르게 콘텐츠를 제작할 수 있습니다.

• 콘텐츠 크리에이터 : 유튜브, 페이스북, 인스타그램 등 SNS 콘텐츠를 만들기 위해 템플릿 기반의 영상을 제작하려는 크리에이터들이 활용합니다.

• 중소기업 및 소상공인 : 비용 절감을 위해 외부에 의뢰하지 않고 자체적으로 광고 영상이나 소개 영상을 만들려는 비즈니스 사용자에게 적합합니다.

## 2) 어떻게 활용하면 좋을까요?

• SNS 콘텐츠용 영상 제작 : 인스타그램 릴스, 유튜브 쇼츠, 페이스북 광고와 같은 SNS 콘텐츠를 빠르게 제작할 수 있도록 다양한 맞춤형 템플릿을 제공합니다.

• 광고 및 마케팅 자료 : 브랜드 광고나 프로모션 동영상을 제작하는 데 있어 프로페셔널한 디자인을 제공하여 마케팅 효율을 높일 수 있습니다.

• 교육 및 튜토리얼 영상 : 짧은 교육용 영상이나 제품 사용법 설명 영상을 템플릿을 통해 신속하게 제작할 수 있습니다.

• 프레젠테이션 및 홍보 영상 : 사업 제안이나 회사 소개를 위한 프레젠테이션 영상을 손쉽게 만들 수 있습니다.

## 3) 특화된 장점은 무엇인가요?

- 템플릿 기반 편집 : 다양한 프리미엄 템플릿이 제공되며, 이를 통해 비전문가도 고품질의 영상을 쉽게 만들 수 있습니다.
- 다양한 미디어 라이브러리 : 이미지, 음악, 비디오 클립 라이브러리를 제공해, 영상에 필요한 리소스를 쉽게 추가할 수 있습니다.
- 자동화된 작업흐름 : 텍스트를 입력하면 AI가 자동으로 영상으로 변환해 주는 기능이 있어, 초보자들도 빠르게 영상을 만들 수 있습니다.
- 클라우드 기반 : 클라우드에 작업이 저장되므로, 여러 디바이스에서 편집을 이어서 할 수 있습니다.
- 무료 요금제 : 제한은 있지만 무료버전으로도 대부분의 기능을 사용할 수 있습니다. 유료버전의 경우 iStock 이미지를 사용할 수 있고, 무제한 내보내기 등 전문적인 작업이 가능합니다.

## 4) 어떤 상황에 유용할까요?

invideo AI는 짧은 시간 안에 고품질 영상을 제작해야 하는 상황에서 유용합니다. 또한 디자인 경험이 부족한 사람들도 쉽게 콘텐츠를 제작할 수 있어 광고나 SNS 콘텐츠용 짧은 영상을 만들 때 탁월한 선택이 될 수 있습니다.

# invideo AI 사용방법

invideo AI<sup>https://invideo.io</sup> 웹사이트에 접속해 로그인을 하면 프롬프트 입력 창이 나옵니다. 여기에 **[10살 어린이가 이해할 수 있도록 우주 탐사에 대한 1분짜리 교육 영상을 만들어 줘]**라고 입력하면 다음과 같이 동영상을 설정할 수 있는 버튼이 나옵니다.

원하는 분위기의 영상 스타일(Audience → 어린이, Look and feel → Bright, Platform → YouTube)을 간단하게 설정해 주고, 'Continue'를 누르면 자동으로 영상이 생성됩니다.

완성된 영상을 플레이해 확인할 수 있으며, 만약 편집하고 싶은 부분이 있으면 하단 'Edit' 버튼을 누르고 이미지와 영상, 스크립트와 음악을 바꿀 수 있습니다. 영상을 확인해 보고 이미지와 스크립트, 음악이 모두 마음에 든다면 다운로드 받아서 사용하면 됩니다.

기본 설정은 Stock watermarks로, 무료 사용자에게 제공되는 워터마크가 포함됩니다. 'No watermarks'를 선택하면 워터마크 없이 영상을 다운로드할 수 있지만, 유료버전으로 업그레이드 해야 합니다. 그리고 무료 이미지와 영상 샘플, 음악을 사용하려면 Workflows를 미리 설정해 주어야 합니다.

# invideo Workflows 설정방법

기본 프롬프트 하단에는 유튜브 쇼츠, 틱톡, 릴스 등 다양한 형태의 영상을 만들 수 있는 Workflows가 있습니다. 여기에서 'Youtube Shorts'를 선택하면 프롬프트를 설정할 수 있는 입력 창이 나옵니다.

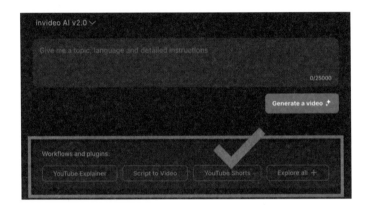

대본을 직접 작성하거나 수정할 수 있고 언어나 자막, 워터마크, 텍스트를 세팅할 수 있습니다. 추가로 iStock이라는 프리미엄 영상 추가 여부(유료)와 배경음악의 소스도 선택이 가능합니다. 여기에서는 언어를 '한국어'로 설정해 주고 'istock 프리미엄 영상 사용 안함' '유튜브 무료 음원'으로 선택한 후 이전 실습과정과 동일하게 **[10살 어린이가 이해할 수 있도록 우주 탐사에 대한 1분짜리 교육 영상을 만들어 줘]**라고 프롬프트를 입력합니다.

화면 상단에는 여러 미디어 클립이 나열되어 있어 선택할 수 있으며, 중간에 해당 클립과 관련된 설명이 표시됩니다. 하단의 'My

Media' 섹션에서는 사용자가 직접 미디어를 업로드하거나, 영상 내 어떤 요소가 유료인지 미리 체크하여 다른 이미지나 무료 효과로 교체할 수 있습니다. 필요한 미디어를 선택하거나 업로드한 후, 편집이 완료되면 우측 하단의 'Apply Changes' 버튼을 눌러 변경 사항을 저장합니다.

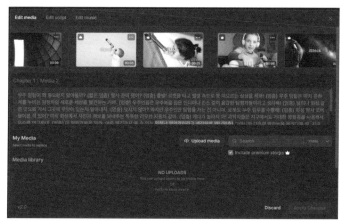

# 2

## Vrew PC 버전으로
## 영상 자동 편집하기

## Vrew PC 버전

Vrew는 모바일 앱으로도 편집이 가능하지만 PC에 설치해 더욱
쉽게 사용할 수 있습니다. PC 버전의 경우 AI를 사용해 텍스트로
영상 만들기가 가능합니다. 우선 Vrew 홈페이지에서 Vrew 프로그
램을 다운로드 받아 PC에 설치합니다.

# Vrew PC 버전 사용방법

여기에서는 Vrew(PC 버전)를 이용해 **'강사가 강의에서 사용할 주제 소개 영상'**을 유튜브 쇼츠 형태로 만들어 보겠습니다.

Vrew에 로그인을 한 후 화면 왼쪽 상단의 '새로 만들기'를 클릭해 '텍스트로 비디오 만들기'를 선택합니다.

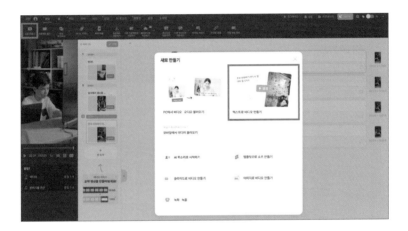

'텍스트로 비디오 만들기'를 선택하면 유튜브, 쇼츠, 인스타그램 등 다양한 화면 비율로 영상을 만들 수 있습니다. 영상 스타일은 '쇼츠 9:16', 자막 길이는 '짧게', 자막위치는 '중간'을 선택하고 '다음' 버튼을 누릅니다.

다양한 비디오 스타일 중에서 '튜토리얼 영상 스타일' 항목을 선택하고 '다음' 버튼을 누릅니다.

만들고 싶은 영상의 제목 [일터에서 센스를 높이는 5가지 대화의 기술]을 프롬프트 창에 입력하고 대화 창 오른쪽에 있는 'AI 글쓰기'를 눌러 영상 대본을 만들어 보겠습니다.

AI가 작성한 대본을 살펴보며 마음에 들지 않으면 '새로고침'을 통해 다시 대본을 작성할 수 있습니다. 대본 하단에 '이어쓰기'를 누르면 AI가 만들어 준 대본을 수정하거나 직접 텍스트를 입력할 수 있습니다. 오른쪽 '영상 요소'에서 'AI 목소리'와 '이미지 & 비디오'를 변경할 수 있습니다. '변경' 버튼을 누르면 영상 대본을 읽어줄 목소리를 선택하거나 이미지와 비디오를 직접 교체할 수 있습니다.

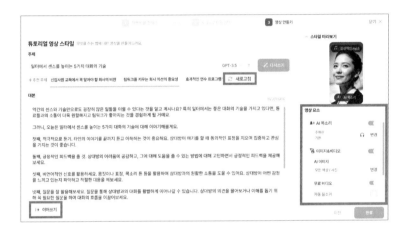

영상의 분위기와 배경음악을 고려해 AI 목소리를 선택하고 '확인' 버튼을 누릅니다(Vrew에서 제공하는 AI 목소리는 상업적·비상업적 용도로 모두 사용이 가능하며, 출처 표기 의무도 없습니다).

AI가 대본에 어울리는 영상, 이미지, 음악을 자동으로 만들어 주고, 직접 세부 편집을 할 수 있는 상세페이지로 연결됩니다. 영상이 완성되기 전에 이미지와 텍스트, 첨부된 영상을 바꾸거나 음악을 수정할 수 있습니다.

　'음표' 아이콘을 누르면 배경음악을 세세하게 편집할 수 있고, 메뉴에 있는 '편집' '자막' '서식' '삽입' 'AI 목소리' '템플릿' 등을 통해 영상에 맞게 세부 항목을 편집할 수 있습니다.

　AI가 자동으로 만들어 준 영상이나 이미지가 마음에 들지 않으면 이미지를 선택하고 마우스 오른쪽 버튼을 누르면 이미지나 영상을 삽입하거나 바꿀 수 있습니다.

수정이 완성된 영상은 우측 상단 '내보내기' 버튼을 누른 후 다양한 포맷으로 선택해 출력할 수 있습니다.

# Vrew에서 하이라이트 영상 만들기

Vrew에서 제공하는 '비디오 리믹스' 기능은 AI를 활용해 긴 영상을 자동으로 요약하고, 중요한 장면을 추출해 하이라이트 영상을 만들 수 있는 기능입니다. 이 기능을 이용하면 사용자가 일일이 영상을 편집할 필요 없이, AI가 영상의 주요 장면을 분석하고 선택하여 빠르게 결과물을 얻을 수 있습니다. '편집' 화면 좌측 상단의 '비디오 리믹스'를 선택합니다.

'비디오 리믹스'를 선택하면 편집이 완료된 영상을 AI가 요약해 주는 '요약 영상 만들기'와 영상의 주요 장면들을 추출해 주는 '하이라이트 영상 만들기'를 선택할 수 있습니다. 여기에서는 '하이라이트 영상 만들기'를 선택하고 '확인' 버튼을 누르면 AI가 자동으로 하이라이트를 추출해 영상 클립을 만들어 줍니다.

완성된 하이라이트 영상은 '씬 목록' 항목에서 확인할 수 있으며, 해당 씬을 삭제하거나 '+ 씬 추가' 버튼을 눌러 씬을 추가할 수도 있습니다.

편집된 영상은 왼쪽 미리보기 창을 통해 확인할 수 있고, 추가로 수정할 부분은 없는지 확인한 후 우측 상단의 '내보내기' 버튼을 누르면 영상을 출력할 수 있습니다.

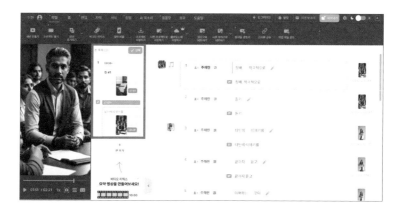

**Go!**

# 3

## 고급 도구로
## 프로처럼 영상 만들기

# 드림머신으로
# 영상 만들기

## 드림머신

드림머신(Dream Machine)은 주로 영상 생성 및 편집에 특화된 AI 도구입니다. 특히 영상의 스피드와 움직임을 시각적으로 극대화하는 특징을 가지고 있어 액션 장면이나 빠르게 변하는 장면을 구성하는 데 효과적이며, 몽환적이고 창의적인 비주얼을 표현하는 데 자주 사용됩니다.

## 1) 어떤 사람이 자주 사용하나요?

- 영상 제작자 : 액션 영화 트레일러나 스포츠 하이라이트 등 역동적이고 빠르게 변하는 영상 작업이 필요한 크리에이터들이 많이 사용합니다.
- 디지털 아티스트 : 예술적 실험 영상이나 비주얼 아트 프로젝트 등 환상적이고 비현실적인 비주얼을 표현하고자 하는 디자이너나 아티스트들이 드림머신을 사용해 몽환적인 영상을 제작합니다.
- 뮤직비디오 감독 : 음악의 리듬에 맞춰 빠른 장면 전환과 시각적 효과를 극대화할 수 있어, 빠르게 전환되는 영상이나 음악의 리듬에 맞춰 역동적인 장면을 만드는 데 유용합니다.
- 광고 및 마케팅 영상 제작자 : 강렬한 시각적 효과를 사용해 시선을 끄는 광고를 만들 때 유용합니다. 특히 짧고 임팩트 있는 SNS 광고에 적합합니다.
- SNS 콘텐츠 제작자 : 틱톡이나 인스타그램 릴스와 같이 짧고 임팩트 있는 영상을 제작하는 경우에도 자주 사용됩니다.

## 2) 어떻게 활용하면 좋을까요?

- 빠른 장면 전환 : 빠르게 변하는 영상과 액션 씬 제작에 뛰어나며, 영상의 속도감과 전환 효과를 극대화할 수 있습니다.
- 자동화된 창의적 작업 : 텍스트나 이미지를 입력하면 AI가 자동으로 독창적인 영상을 생성해 주기 때문에 작업시간을 대폭 줄일 수 있습니다.

• 고퀄리티 효과 : 영화의 느낌이 나는 비주얼과 다양한 필터, 특수 효과를 통해 영상의 품질을 높여줍니다.

### 3) 어떤 상황에 유용할까요?

드림머신은 역동적이고 강렬한 시각적 콘텐츠가 필요한 프로젝트에서 유용합니다. 예를 들어 액션 영화 예고편, 스포츠 하이라이트 또는 뮤직비디오에서 빠른 장면 전환과 비현실적인 비주얼을 사용할 때 큰 장점이 됩니다.

## 드림머신 사용방법

Luma Labs의 드림머신은 텍스트와 이미지를 바탕으로 약 5초 길이의 고품질 영상을 빠르게 생성하는 도구입니다. 창작자의 아이디어를 신속하게 시각화할 수 있도록 돕고, 일관된 캐릭터와 현실적인 동작을 유지하며 역동적인 영상을 만듭니다. 이를 통해 사용자는 상상 속의 장면을 마치 영화처럼 실현할 수 있습니다.

무료 이용자의 경우 한 달에 최대 30개의 영상을 만들 수 있고(하루 생성 개수는 5개), 영상 우측 상단에 워터마크가 포함되며 상업적 사용이 안 됩니다.

　드림머신 https://lumalabs.ai/dream-machine 웹사이트에 접속해 로그인을 한 후 프롬프트 입력 창에 만들고 싶은 영상, 예를 들어 [**직장인이 데이터 분석 툴에서 실시간으로 통계 그래프를 업데이트하는 모습**]을 입력합니다. 드림머신은 한국어로도 원하는 장면을 만들 수 있으니 그대로 입력해 보겠습니다.

　이 프롬프트로 다음과 같이 통계 그래프 앞에서 열심히 일하는 영상이 만들어졌습니다.

# 이미지 프레임 연결 생성 기능

드림머신은 2개의 이미지를 연결해 주는 연결 생성 기능을 제공합니다. 사용자는 시작 이미지와 끝 이미지를 첨부한 후, 이를 기반으로 두 이미지를 자연스럽게 연결하는 영상을 만들 수 있습니다.

이때 텍스트 프롬프트를 입력하여 이미지가 어떻게 움직일지, 또는 영상에서 발생하는 동작을 제어할 수 있습니다.

프롬프트 작성 시에는 간단한 텍스트를 입력하는 방식으로, 카메라 움직임이나 특정 동작을 지정할 수 있습니다. 예를 들어 [**Camera follows his hands preparing notes, then cut to him presenting, gesturing to the audience and screen**(카메라는 메모를 준비하는 그의 손을 따라가다가 청중과 화면을 향해 발표하는 그의 모습을 포착합니다)]처럼 카메라가 고정된 상태에서 오브젝트를 회전시키는 등의 지시를 내릴 수 있습니다. 또한 'Enhanced Prompt' 기능을 통해 드림머신이 사용자의 프롬프트를 개선하여 보다 세밀한 결과물을 만들어 낼 수 있습니다. 하지만 이 기능은 때때로 사용자의 의도와는 다른 결과를 낳을 수 있어 적절한 설정이 필요합니다.

이 기능을 활용하여 이미지 시작과 끝 프레임을 설정하고, 두 이미지를 연결하여 영상으로 제작할 수 있습니다.

**"A man prepares for a presentation at his desk, then confidently delivers it to an engaged audience in a boardroom."**

# Gen-2, Gen-3로
# 영상 만들기

## Gen-2, Gen-3

Gen-2와 Gen-3는 Runway에서 제공하는 AI 기반 영상 생성 기술로, 텍스트나 이미지를 입력하면 이를 기반으로 영상 콘텐츠를 자동으로 생성하는 도구입니다. 특히 AI 기술을 활용해 복잡한 영상 편집 작업을 자동화하고, 창의적인 콘텐츠를 쉽게 제작할 수 있습니다. Gen-3는 Gen-2의 업그레이드 버전으로, 더 정교하고 복합적인 장면을 생성할 수 있습니다. 단순한 텍스트 설명을 넘어, 이미지에서 영상으로 변환하는 기능을 강화하여 더 창의적이고 다양한 방식으로 영상을 만듭니다. Gen-2는 무료로 사용할 수 있으며,

하루에 4~5개의 4초짜리 영상을 만들 수 있고, 기능과 품질이 제한적이라 간단한 작업에 적합합니다. 반면에 Gen-3는 유료버전으로, 높은 해상도와 고급 기능을 제공하며, 10초짜리 영상을 하루에 10개 이상 만들 수 있습니다. 특히 Gen-3에서는 영상 길이와 퀄리티를 높일 수 있는 옵션이 많아 창의적인 작업에 유리합니다.

### 1) 어떤 사람이 자주 사용하나요?

- 영상 제작자 : 영화나 광고의 스토리보드 제작과정에서 텍스트나 이미지를 빠르게 영상으로 변환할 수 있어, 짧은 영상을 만들고자 하는 영상 제작자들이 자주 사용합니다.
- 광고 및 마케팅 전문가 : 새로운 광고 아이디어나 캠페인 영상을 짧은 시간 안에 만들고, 이를 다양한 플랫폼에서 테스트할 때 유용합니다.
- 디자이너 크리에이티브 팀 : 최종 완성본 전에 복잡한 영상 프로토타입을 만들거나 창의적 실험을 하는데 매우 적합합니다.
- SNS 콘텐츠 제작자 : SNS용 짧은 영상을 빠르게 제작해 피드에 맞는 콘텐츠를 만들 수 있습니다.

### 2) 어떻게 활용하면 좋을까요?

- 빠른 시각화 : 영상 아이디어를 빠르게 테스트하고 시각적으로 표현할 수 있어, 초기 기획단계에서 매우 유용합니다.
- 고품질 영상 : AI 기술 덕분에 높은 품질의 영상을 빠르게 생성할 수 있으며, 시간과 비용을 절약할 수 있습니다.

• 다양한 창의적 실험 가능 : AI를 활용해 다양한 스타일과 분위기의 영상을 쉽게 만들 수 있어, 실험적인 콘텐츠 제작에 적합합니다.

### 3) 어떤 상황에 유용할까요?

Gen-2는 Image-to-Video 변환, 간단한 영상 편집, 콘텐츠 제작 효율성에 유용하며, Gen-3는 고해상도 작업, 실시간 편집 및 대규모 프로젝트에 적합합니다. Gen-2는 짧고 간단한 작업에, Gen-3는 복잡하고 고품질이 필요한 작업에 알맞습니다.

## Gen-2로 만드는
## Image-to-Video

런웨이의 Gen-2 https://research.runwayml.com/Gen-2 웹사이트에 접속해 'Get Started'를 클릭하고 로그인을 합니다.

AI로 영상 만들기 : 나도 이제 숏폼 전문가!

메인화면 상단 Gen-3의 'Get Started'를 클릭하면 왼쪽 상단에서 모델을 선택할 수 있습니다. 무료 사용을 원하는 경우에는 Gen-2 모델을 선택합니다.

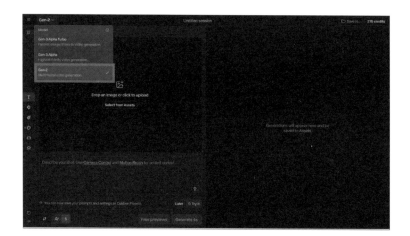

Gen-2 화면에서 프롬프트 창에 영상으로 만들고 싶은 이미지를 업로드합니다. 여기에서는 미드저니에서 만든 **'감각적인 도서관의 모습'** 이미지들을 업로드한 후 하단의 프롬프트 창에 원하는 영상의 효과를 [**Sunlight shining through the glass window**(햇살이 반짝거리며 유리창을 통해 비치는 모습)]와 같이 입력하고 하단의 'Generate 4s'를 누르면 약 4초 정도의 영상을 만들 수 있습니다.

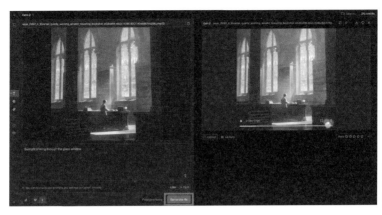

만들어진 영상은 미리 볼 수 있게 화면 오른쪽에 표시됩니다. 영상을 플레이해 보고 마음에 드는 영상이 나오면 다운로드를 받아서 사용합니다.

Gen-2의 미리보기(Free Previews) 기능을 사용하면 텍스트나 이미지를 입력해 4개의 이미지 프리뷰를 볼 수 있습니다. 이 프리뷰를 통해 최종 영상을 생성하기 전에 원하는 스타일과 구성을 미리 확인할 수 있어, 시간을 절약하고 수정 작업을 최소화할 수 있습니다. 이 기능은 특히 초보 사용자나 예산이 제한된 사용자들에게 유용하며, 무료 플랜에서도 일정한 콘텐츠 생성시간을 제공받을 수 있습니다.

사용하는 방법은 이미지 업로드 프롬프트 창 아래의 텍스트 입력 창에 원하는 영상의 프롬프트를 작성합니다. 예를 들어 [**Make an educational video about space exploration so a 10-year-old can understand it**(10살 어린이가 이해할 수 있도록 우주 탐사에 대한 교육 영상을 만들어 줘)]라고 입력하고, 하단에 있는 'Free Previews'를 누르면 화면 오른쪽에 4개의 이미지가 나옵니다.

이 중 마음에 드는 이미지에 마우스를 가져가면 이미지 위에 'Use as image input'이라고 표시됩니다. 이미지를 클릭하면 프리뷰에 나온 이미지를 프롬프트 창으로 불러오고 'Generate 4s' 버튼을 누르면 선택한 이미지로 4초짜리 짧은 영상을 만들 수 있습니다.

무료 모델인 Gen-2를 활용해 Image-to-Video를 만들 때 자연스럽고 매력적인 영상을 얻으려면 '단순하지만 시각적 움직임이 돋보이는 이미지를 선택하는 것'이 중요합니다. 즉, Gen-2에서는 배경에 미세한 움직임이 있는 이미지를 사용하는 것이 효과적입니다.

예를 들어 [파도가 천천히 움직이는 해변]이나 [연기가 피어오르는 커피 잔] [바람에 흔들리는 나뭇잎] [도시의 불빛 같은 이미지]와 같은 프롬프트를 사용하면 AI가 부드러운 움직임을 추가해 자연스럽고 몰입감 있는 영상을 만들기 좋습니다.

## Gen-3 사용방법

Gen-2 무료버전과 Gen-3 유료버전의 차이는 기능성과 품질에서 뚜렷하게 드러납니다. Gen-2는 텍스트 및 이미지 기반 영상 생성이 가능하지만, 한 번에 생성할 수 있는 영상의 길이가 짧고 해상도나 디테일이 낮습니다. 또 기본적인 영상 생성과 간단한 모션 처리는 가능하지만, 움직임의 일관성이나 장면 전환의 부드러움은 제한적일 수 있습니다. 반면, Gen-3는 더 높은 해상도와 정확한 모션 처리, 장면의 일관성과 디테일이 크게 향상되며, 프롬프트 해석능력이 뛰어나 사용자 의도를 정확하게 반영해 고품질 영상을 만듭니다. 또한 Gen-3에서는 긴 영상을 만들 수 있고, 워터마크 제거 및 고해상도 출력 등 다양한 추가 기능을 사용할 수 있습니다.

Gen-2와 Gen-3 결과물의 영상 비교를 위해 [화창한 오후, 한 아이가 자전거를 타고 조용한 동네 거리를 지나가고 있는데, 카메라는 아이를 따라 천천히 패닝하고 있습니다. 길가의 나무들은 바람에 살랑살랑 흔들리고, 나뭇잎 그림자들은 보도 위에 춤을 춥니다. 햇빛이 나뭇가지 사이로 스며듭니다]처럼 조금 구체적인 프롬프트를 예로 들어보겠습니다. 이를

위해 우선 화면 왼쪽 상단의 Gen-2 버전을 Gen-3로 바꿔줍니다
(유료 구독시 변경 가능합니다).

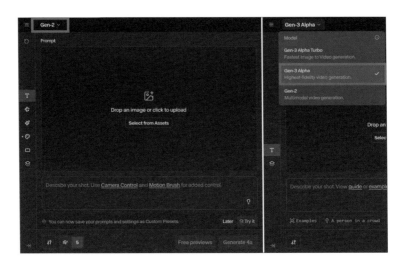

영상의 정확도를 높이기 위해 이미지 업로드 창 아래의 텍스트 프
롬프트 입력 창에 구글 번역이나 deepL을 이용해 프롬프트를 영어
로 바꿔서 [A child is riding a bicycle through a quiet neighborhood
street on a sunny afternoon, with the camera slowly panning to
follow the child. The trees along the street sway gently in the
breeze, and the shadows of the leaves dance on the pavement as
the sunlight filters through the branches]라고 입력합니다.

Gen-3의 경우 영상 길이를 5초와 10초로 선택해서 만들 수 있
습니다. 여기서는 Gen-2의 영상 결과와 비교해 보기 위해 5초로
설정해 'Generate'를 해보겠습니다.

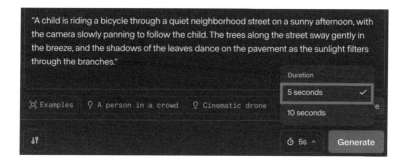

"A child is riding a bicycle through a quiet neighborhood street on a sunny afternoon, with the camera slowly panning to follow the child. The trees along the street sway gently in the breeze, and the shadows of the leaves dance on the pavement as the sunlight filters through the branches."

동일한 프롬프트로 생성한 영상이 다음과 같이 만들어졌습니다. 프롬프트 창 오른쪽 상단이 Gen-2, 하단이 Gen-3로 만든 영상입니다. Gen-2와 Gen-3 결과물의 차이점은 다음과 같습니다.

- Gen-2(상단) : 빛과 그림자의 디테일이 단순하고, 나무의 움직임이나 자전거의 움직임이 부드럽지 않습니다. 배경의 깊이감이 부족하고, 전체적인 움직임이 다소 기계적으로 느껴질 가능성이 있으며 영상으로 사용하기에는 부족함이 느껴집니다.

- Gen-3(하단) : 햇빛이 나뭇잎 사이로 비치는 장면이 훨씬 더 세밀하게 표현되고, 나무의 움직임과 자전거를 타는 아이의 동작이 부드럽고 자연스럽습니다. 카메라가 아이를 따라갈 때의 움직임이 훨씬 매끄럽게 느껴지고, 빛과 그림자의 상호작용이 더 사실적으로 연출되었습니다. 짧은 영상으로 사용해도 자연스러울 정도의 만족스러운 결과물이 나왔습니다.

이처럼 Gen-3는 Gen-2에 비해 더 정교하고 세밀한 작업에 유리합니다. 특히 영상의 디테일이 중요하고, 자연스러운 움직임이나 복잡한 장면 전환이 요구되는 경우에는 Gen-3를 활용하는 것이 좋습니다. 따라서 일반 작업을 할 때는 Gen-2의 미리보기(Free Previews) 기능을 이용해 생성될 영상의 첫 프레임을 확인해 원하는 결과물인지 판단하여 크레딧을 절약하고, 이 중에서 선택한 중요한 장면이나 영상은 Gen-3로 정교하게 마무리하는 방식으로 작업하면 시간과 자원을 효율적으로 활용할 수 있습니다.

# 영상 제작 시 고려해야 할
# 카메라 편집효과

영상 제작에서 카메라의 편집효과는 영상의 분위기와 리듬을 조절하고, 시청자의 주의를 끌어 스토리를 효과적으로 전달하는 중요한 요소입니다. 다양한 샷을 적절히 사용하면 감정과 이야기를 더 생동감 있게 전달할 수 있습니다.

특히 각 샷에는 장단점이 있으므로, 상황에 맞춰 선택하고 조절하는 것이 필요합니다. 예를 들어 '친구들과 소풍을 즐기는 장면'을 상상하며 어떤 샷을 사용할지 고민해 보는 것은 좋은 연습이 될 수 있습니다. 이렇게 계획적으로 촬영하면 즉흥적으로 찍는 것보다 더 나은 영상을 만들 수 있는 기초가 됩니다.

또한 프롬프트 작성 시에도 원하는 장면을 미리 구상하고 그에 맞는 키워드를 입력하는 것이 중요합니다. 이제 이러한 편집효과의 기본원칙을 바탕으로 완성도 높은 영상을 만들어 보기 바랍니다.

| | |
|---|---|
| 자르기(Cut) | 가장 기본적인 편집기술로, 한 장면에서 다른 장면으로 즉시 전환한다. 빠른 페이스를 만들거나 시간의 경과를 나타낼 때 효과적이며, 액션 장면이나 대화 장면에서 자주 사용된다. |
| 천천히 나타나기(Fade In) | 영상이 마법처럼 서서히 나타난다. 주로 장면의 시작 또는 시간의 큰 흐름을 나타낼 때 사용한다. |
| 천천히 사라지기(Fade Out) | 영상이 마법처럼 서서히 사라진다. 주로 마지막 장면에 사용한다. |
| 섞기(Dissolve) | 마치 물감이 섞이는 것처럼 두 장면이 서로 섞이면서 바뀐다. 부드러운 전환을 위해 사용되며, 시간의 경과나 장소의 변화를 나타낼 때 효과적이다. |
| 밀어내기(Wipe) | 한 장면이 다른 장면을 밀어내는 듯한 효과이다. 다양한 방향과 패턴으로 사용할 수 있어 창의적인 전환이 가능하다. |
| 확대(Zoom In) | 피사체를 더 가깝게 보여주며, 중요한 세부사항을 강조할 때 사용한다. |
| 축소(Zoom Out) | 전체적인 상황을 보여줄 때 사용한다. |
| 옆으로 움직이기(Pan) | 카메라가 수평으로 움직이는 효과이다. 넓은 공간을 보여주거나 움직이는 대상을 따라갈 때 사용한다. |
| 위아래로 움직이기(Tilt) | 카메라가 수직으로 움직이는 효과이다. 높이의 차이를 보여 주거나 대상의 전체 모습을 보여줄 때 사용한다. |
| 느리게(Slow Motion) | 영상의 속도를 늦추어 보여주는 효과이다. 중요한 순간을 강조하거나 감정적인 장면을 더욱 극대화할 때 사용한다. |
| 빠르게(Fast Motion) | 영상의 속도를 빠르게 하는 효과이다. 지루할 수 있는 장면을 빠르게 넘기거나 시간의 빠른 흐름을 나타낼 때 사용한다. |

| | |
|---|---|
| 정지(Freeze Frame) | 영상의 한순간을 정지시키는 효과이다. 중요한 순간을 강조하거나 내레이션을 덧붙일 때 사용한다. |
| 거꾸로 재생(Reverse) | 영상을 거꾸로 재생하는 효과이다. 특별한 효과나 회상 장면을 표현할 때 사용한다. |
| 화면 나누기(Split Screen) | 화면을 둘 이상으로 나누어 여러 장면을 동시에 보여주는 효과이다. 동시에 일어나는 사건이나 대비되는 상황을 표현할 때 사용한다. |

이러한 편집효과들을 적절히 조합하여 사용하면 영상의 리듬감을 조절하고, 시청자의 주의를 효과적으로 이끌 수 있습니다. 예를 들어 빠른 컷과 패스트 모션을 사용하다가 중요한 장면에서 슬로우 모션으로 전환하면 그 순간을 더욱 강조할 수 있습니다. 또한 페이드나 디졸브를 사용하여 장면 전환을 부드럽게 만들면 시청자들이 영상에 더 몰입할 수 있게 됩니다.

프롬프트 입력 시 영상의 내용과 목적에 맞게 이러한 효과들을 창의적으로 활용하면 더욱 생동감 있고 몰입도 높은 영상을 만들 수 있습니다.

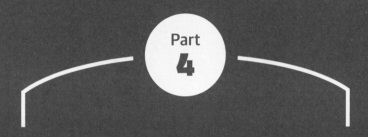

# Part 4

# AI로 음악 만들기

## : 나도 이제 히트곡 작곡가!

# Ready!

# 1

## 스마트폰으로
## 쉽고 편하게 음악 만들기

# Suno로
# 노래 만들기

## Suno

Suno는 AI 기반 음악 생성 도구로, 사용자가 간단한 프롬프트를 입력하면 다양한 장르와 스타일의 음악을 자동으로 만들 수 있습니다. Suno는 PC 버전에서 사용하면 편리하지만 스마트폰에서도 웹 브라우저로 접속하면 언제 어디에서나 쉽고 빠르게 노래를 만들 수 있습니다.

### 1) 어떤 사람이 자주 사용하나요?

• 음악을 처음 접하는 초보자 : 특별한 음악 지식이 없어도 단순한

텍스트 입력만으로 곡을 만들 수 있어, 초보자가 사용하기에 이상적입니다.

- 콘텐츠 크리에이터 : 유튜브, 팟캐스트, SNS 등의 콘텐츠에 필요한 맞춤형 배경음악을 만들려는 사람들에게 유용합니다.
- 전문 음악가 : 짧은 시간에 다양한 스타일의 곡을 만들 수 있기 때문에, 빠르게 영감을 얻거나 아이디어가 필요할 때 Suno를 이용해 창작의 출발점으로 삼을 수 있습니다.
- 광고나 마케팅 전문가 : 광고 배경음악이나 프로모션 영상에 맞춤형 음악을 추가하려는 사용자에게도 유용합니다.
- 소상공인 : 매장에서 저작권 걱정 없이 사용할 수 있는 맞춤형 배경음악을 손쉽게 만들 수 있습니다.


## 2) 어떻게 활용하면 좋을까요?

- 빠르고 쉬운 음악 생성 : 몇 초 안에 완성된 곡을 만들어 낼 수 있어, 시간 절약과 편리함이 큰 장점입니다.
- 향상된 품질의 음악 : Suno의 최신 버전(v3.5)은 최대 4분 길이의 곡을 만들 수 있습니다. 향상된 음악 구조와 음질을 제공하고, 노래의 구조와 보컬의 흐름을 개선하여 사용자가 더 전문적인 사운드를 만들 수 있도록 돕습니다.
- 다양한 장르와 스타일 지원 : 여러 음악 장르와 스타일을 지원해 사용자가 원하는 음악을 쉽게 만들 수 있습니다.
- 다국어 지원 : 다양한 언어로 곡을 만들 수 있어, 글로벌 콘텐츠에도 활용할 수 있습니다.

### 3) 어떤 상황에 유용할까요?

Suno는 광고 캠페인에서 빠르게 음악을 만들어야 하거나 영상 콘텐츠에서 저작권 문제 없이 사용할 수 있는 맞춤형 음악이 필요할 때 매우 유용합니다. 또한 음악 창작의 초안을 만들고, 이를 기반으로 더 발전시키고 싶을 때도 Suno는 좋은 선택이 될 수 있습니다.

## 스마트폰에서 Suno 사용방법

스마트폰에서 웹브라우저를 열고 suno.com으로 접속해 우측 상단의 'sign in'에서 회원가입 및 로그인을 합니다. 그리고 우측 하단의 '음표' 아이콘을 누르고 프롬프트 입력 창에 원하는 음악 스타일과 키워드를 입력하면 Suno가 2곡의 음악을 만들어 줍니다.

AI로 음악 만들기 : 나도 이제 히트곡 작곡가!

예를 들어 프롬프트 입력 창에 **[1박 2일 동안 열심히 강의를 듣고 기쁜 마음으로 집에 가는 직장인을 위한 노래를 만들어 줘]**와 같이 원하는 분위기를 입력하면 가사부터 노래까지 한 번에 만들어 줍니다.

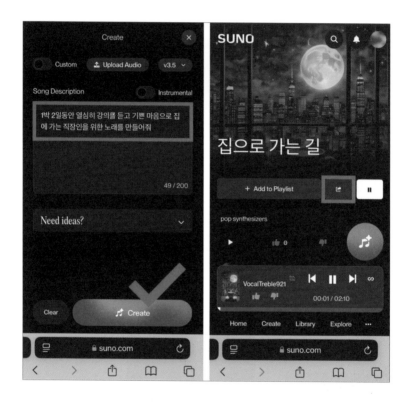

이처럼 Suno를 이용하면 다양한 상황에서 사용할 수 있는 음악을 언제 어디서나 쉽게 만들 수 있고, 완성된 음악은 다른 사람에게도 쉽게 공유할 수 있습니다.

Suno 무료버전의 경우 하루에 50크레딧을 이용할 수 있습니다. 2분 길이의 노래를 한 곡 만들 때 5크레딧이 소모되는데, 같은 가사에 2가지의 다른 멜로디가 자동으로 제공되기 때문에 하루에 5곡까지 만들 수 있습니다. 유료 플랜의 경우 3.5버전을 사용해 최대 4분까지의 곡을 만들 수 있고, 곡의 분위기나 가사, 길이 등 세부사항을 더 구체적으로 조절할 수 있으며, 상업적 이용이 가능합니다. 이에 대한 자세한 내용은 다음 장에서 설명하겠습니다.

# Set!

# 2

## PC로 디테일하게
## 음악 만들기

# Suno PC 버전으로
# 노래 만들기

## Suno(PC 버전)

Suno는 PC에서 사용하면 훨씬 더 효과적입니다. Suno 웹사이트에서는 세부적인 설정이 가능하며, 가사 작성이나 음악 스타일 조정 등 깊이 있는 커스터마이징을 할 수 있습니다. 스마트폰에서는 곡의 길이가 2분 이내로 제한되지만, PC에서는 더 긴 곡을 만들 수 있고, 여러 클립을 연결해 최대 3~4분짜리 곡을 만들 수 있습니다.

# Suno 사용방법

Suno https://suno.com 웹사이트에 접속해 로그인을 한 후 왼쪽의 'Create' 버튼을 누르고 상단에 있는 'Custom' 메뉴를 활성화해 주면 프롬프트 창이 나옵니다. Suno의 커스텀 모드에서는 사용자가 원하는 가사, 음악 스타일, 곡의 제목 등을 직접 입력해 세부적으로 곡을 만들 수 있습니다.

- Lyrics(가사) : 사용자가 직접 가사를 작성할 수 있습니다. 원하는 주제나 감정을 표현하는 가사를 입력하면 AI가 이를 바탕으로 노래를 만듭니다. 가사를 만들기 어렵다면 'Generate Lyrics' 버튼을 눌러 AI가 자동으로 가사를 만들게 할 수도 있습니다.
- Style of Music(음악 스타일) : 원하는 음악의 스타일을 지정할 수 있는 기능입니다. 클래식 악기(오케스트라), 소울, 바이올린, 여성 보컬 등의 옵션을 선택하여 곡의 분위기와 장르를 설정할 수 있습니다. Suno는 사용자가 지정한 스타일에 따라 각기 다른 느낌의 음악을 만들어 줍니다.

- Title(곡 제목) : 곡의 제목을 사용자가 직접 입력할 수 있습니다. 이 제목은 완성된 노래의 파일 이름으로도 사용됩니다.

여기에서는 김밥집을 운영하는 사장님이 김밥 속 오이를 싫어하는 손님들을 위해 **'오이를 빼주세요'**라는 제목의 노래를 만들어 보겠습니다. 우선 챗GPT에게 [**오이를 싫어하는 사람들을 위한 '오이를 빼주세요' 송을 만들어 보려고 해. 진지하면서 들었을 때 진심으로 오이를 싫어하는 마음을 오케스트라 버전으로 만들고 싶어**]라고 곡 제목과 분위기, 음악 스타일을 설명한 후 가사를 써달라고 요청합니다.

---

'오이를 싫어하는 사람들을 위한 '오이를 빼주세요' 송을 만들어 보려고해. 진지하면서 들었을 때 진심으로 오이를 싫어하는 마음을 오케스트라버전으로 만들고 싶어.'

"김밥 속 오이에 진심인 당신을 위한 노래! 김밥의 순수한 맛을 위해 꼭 들어야 할 곡 🎵 이제 오이를 빼고 행복한 김밥 생활을 시작해보세요!"

(Verse 1)
내 마음 깊은 곳, 숨겨진 비밀
김밥 속 오이, 내겐 너무나도 쓸쓸해
한입에 퍼지는 그 초록빛 향기
이제는 제발, 내 김밥에서 사라져줘

(Chorus)
오이를 빼주세요, 김밥의 한가운데서
초록빛 물결이 내 미소를 빼앗아 가요
오이를 빼주세요, 간절한 소망이에요
김밥은 더 부드럽고, 행복해질 거예요

(Verse 2)
친구들은 말해요, 오이도 아름답다고
하지만 내 입맛은 그걸 허락지 않아요
오이 때문에 사랑하는 김밥을 포기할 순 없죠
가게 사장님께 애원해요, 오이 빼주세요

(Chorus)
오이를 빼주세요, 김밥의 한가운데서
초록빛 물결이 내 미소를 빼앗아 가요
오이를 빼주세요, 간절한 소망이에요
김밥은 더 부드럽고, 행복해질 거예요          ↓

---

AI로 음악 만들기 : 나도 이제 히트곡 작곡가!

챗GPT를 통해 완성된 가사를 Lyrics에 붙여넣고, 장르는 [orchestra, melodic], Title은 [오이 싫어(오이를 빼주세요)]라고 입력한 다음 'Create' 버튼을 누르면 2곡의 노래가 완성됩니다.

완성된 노래를 들어보고 마음에 드는 곡을 다운로드 받거나, 길이를 늘리고 싶으면 'Extend' 버튼을 클릭해 곡의 길이를 확장할 수 있습니다. 무료버전에서도 사용 가능하지만, 상업적 목적으로 이용하려면 유료 플랜을 통해 사용자가 저작권을 소유할 수 있습니다.

이처럼 Suno를 이용하면 워크숍, 매장 배경음악, 아카데미, 비전송 등 다양한 유형의 노래를 자유롭게 만들어 사용할 수 있습니다.

# Suno AI를 더 잘 활용하기 위한 팁

노래 가사를 만드는 작업은 Suno나 챗GPT를 이용해 충분히 발전시킬 수 있습니다. 하지만 음악을 통해 원하는 느낌을 쉽고 빠르게 연출하기 위해서는 곡의 장르와 스타일을 자세히 이해할 필요가 있습니다. 특정 스타일과 장르는 각각 고유한 감정을 전달하기 때문에 알맞은 장르 선택만으로도 듣는 이가 어떤 감정을 느끼게 할지 명확하게 조절할 수 있습니다.

예를 들어 발라드는 감성적이고 서정적인 분위기를 주며, EDM은 강렬하고 활기찬 분위기를 만들어 냅니다. 이처럼 곡의 스타일을 적절히 활용하면 복잡한 설명 없이도 메시지를 효과적으로 전달할 수 있고, 청중이 더 몰입할 수 있는 환경을 만들 수 있습니다. 다음은 대표적인 음악 장르와 스타일의 예시입니다.

| | |
|---|---|
| Up-tempo<br>(업템포) | 빠르고 활기찬 리듬으로, 활동적이고 신나는 분위기에 잘 어울린다. 아침에 잠을 깨우는 알람 음악이나 에너지를 끌어올려야 할 운동시간에 적합하다. |
| Indie<br>(인디) | 소박하고 개성 있는 멜로디로, 자유롭고 독립적인 감성을 표현한다. 도시의 일상에서 잠시 벗어나고 싶을 때나 느긋하게 산책할 때 듣기 좋다. |
| Jazz<br>(재즈) | 풍부한 악기 연주와 즉흥성이 특징인 음악으로, 세련되고 고급스러운 분위기를 만든다. 저녁식사 후에 느긋하게 와인을 즐길 때나 카페에서의 여유로운 대화에 잘 어울린다. |
| Lofi<br>(로파이) | 편안하고 차분한 리듬이 특징으로, 조용하고 집중이 필요한 순간에 적합하다. 공부하거나 일할 때 배경음악으로 좋으며, 비 오는 날 창밖을 바라볼 때도 어울린다. |

AI로 음악 만들기 : 나도 이제 히트곡 작곡가!

| | |
|---|---|
| Hip-hop<br>(힙합) | 강한 비트와 리듬이 강조된 음악으로, 자신감을 북돋고 에너지를 주는 분위기를 만든다. 도전적인 일을 시작할 때나 스트리트 문화에 맞는 영상의 배경음악으로 좋다. |
| Acoustic<br>(어쿠스틱) | 어쿠스틱 기타와 같은 자연스러운 소리로, 따뜻하고 친근한 분위기를 연출한다. 캠핑장 모닥불 앞에서 듣는 음악이나 친구들과 편하게 대화할 때 잘 어울린다. |
| Funk<br>(펑크) | 리드미컬하고 그루브한 사운드로 몸을 저절로 움직이게 만드는 분위기를 형성한다. 파티에서 사람들을 춤추게 하거나 기분 전환이 필요할 때 적합하다. |
| Ballad<br>(발라드) | 감성적이고 서정적인 음악으로, 슬프거나 감동적인 순간에 사용된다. 이별 후의 감정을 담은 노래나 영화 속 감동적인 장면에 어울린다. |
| EDM<br>(일렉트로닉 댄스 뮤직) | 강렬한 전자음과 비트가 돋보이는 음악으로, 폭발적인 에너지를 필요로 하는 상황에 적합하다. 클럽이나 페스티벌에서 사용되며, 친구들과 신나게 놀 때 듣기 좋다. |
| Ambient<br>(앰비언트) | 잔잔하고 배경음악에 가까운 음악으로, 평온하고 차분한 분위기를 만든다. 명상할 때나 자연 속에서 힐링하는 순간에 적합하다. |

# Imagen 3로
# 배경음악 만들기

## Imagen 3의 MusicFX

Imagen 3는 구글의 AI 기술을 활용한 텍스트-이미지 변환 AI 모델로, VideoFX, ImageFX, MusicFX 등으로 구성되어 있습니다. 이 중 MusicFX는 사용자가 입력한 문구나 텍스트 설명을 바탕으로 다양한 효과음이나 배경음악을 즉시 만들어 줍니다.

### 1) 어떤 사람이 자주 사용하나요?

• SNS 콘텐츠 제작자 : 유튜브나 틱톡, 팟캐스트 등의 플랫폼에서 배경음악이나 효과음을 필요로 하는 크리에이터에게 유용합니다.

- 게임 개발자 : 게임에 필요한 음향효과나 배경음악을 빠르게 제작하는데 유용합니다.
- 광고 제작자 : 제품 소개 영상, 광고 등에 필요한 음악을 만드는 데 유용합니다.

### 2) 어떻게 활용하면 좋을까요?

- 배경음악 생성 : 특정 분위기(예 : 평온한 아침, 긴장감 있는 장면)를 설명하면 그에 맞는 배경음악을 즉시 만들 수 있습니다.
- 효과음 제작 : 특정 소리(예 : 자동차 엔진 소리, 물 흐르는 소리)를 텍스트로 입력하면 그에 맞는 음향효과를 즉시 제공합니다.
- 사운드 디자인 : 광고나 게임, 동영상 제작에 필요한 다양한 음향 디자인을 손쉽게 만들 수 있습니다.

### 3) 어떤 상황에 유용할까요?

전문 사운드 디자이너를 고용하지 않고도 기본적인 음향을 만들 수 있어 소규모 팀이나 개인 크리에이터에게 유용하며, 프로젝트 초기 단계에서 분위기에 맞는 사운드를 빠르게 적용해야 할 때 사용하면 좋습니다. MusicFX는 무료로 30초, 50초, 70초 길이의 트랙을 만들 수 있고, 각 프롬프트에 대해 최대 2개의 클립을 만들 수 있습니다.

# MusicFX 사용방법

구글 Imagen 3 https://aitestkitchen.withgoogle.com 에 접속해 로그인을
한 후 왼쪽 상단의 'Home' 버튼을 누르면 VideoFX, ImageFX,
MusicFX가 나옵니다. 이 중 MusicFX를 선택하고, 화면 왼쪽 프롬
프트 창에 원하는 음악의 주제를 입력합니다.

여기에서는 **'와인바에서 저녁에 틀어놓을 수 있는 재즈 음악'**을 만들
어 보겠습니다. 프롬프트 창에 [soulful jazz for a dinner party(디너 파
티를 위한 소울풀 재즈)]라고 입력하면 30초 길이의 음악 2개가 만들어
집니다. 이때 작성한 프롬프트 중 몇 가지 단어(soulful, jazz, dinner
party)는 색상칩처럼 표시되며, 해당 단어를 누르면 그 부분을 변경
하여 다른 분위기의 음악이나 스타일로 바꿀 수 있습니다.

만약 음악 길이를 늘리고 싶다면 우측 하단 점 3개 버튼을 누르고 음악 재생시간을 30초(기본값)에서 50초, 70초로 변경해 주면 됩니다. 트랙의 시작과 끝을 연결하여 음악을 끝없이 재생하려면 연속재생을 활성화시켜 주면 됩니다.

## MusicFX의 DJ 모드 사용방법

MusicFX에서 'DJ 모드' 버튼을 활성화하면, 사용자는 원하는 분위기의 음악을 실시간으로 조절하며 들을 수 있습니다. 이 기능은 마치 DJ들이 라이브 공연에서 사용하는 도구처럼, 곡의 특정부분을 강조하거나 분위기를 바꾸는 등 청중에게 새로운 감각을 제공하는 효과를 줍니다.

또한 하단에 추천해 주는 'Precision Bass' 'Live Performance' 등의 태그를 클릭하거나 [upbeat, Neo-soul]이라고 원하는 느낌을 프롬프트 창에 입력하면 그에 맞는 음악을 만들어 주는 등 사용자의 취향에 맞춰 음악의 분위기를 세밀하게 조정할 수 있습니다. DJ 모드는 MusicFX의 다른 기능들과 함께 무료로 사용할 수 있지만, 실험적인 용도로 제공되고 있기 때문에 상업적 사용에는 제한이 있을 수 있습니다.

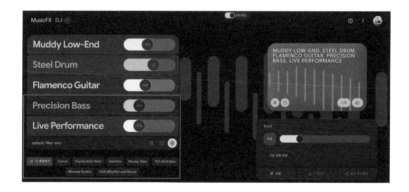

*Go!*

# 3

## 고급 도구로
## 프로처럼 음악 만들기

# Udio로
# 노래 만들기

## Udio

Udio는 구글 딥마인드 출신 연구원들이 만든 AI 기반 음악 생성 도구로, 사용자가 간단한 텍스트를 입력하면 프로페셔널한 음악을 자동으로 만들어 주는 AI입니다. Udio는 장르, 스타일, 악기 등을 지정해 다양한 음악을 만들 수 있으며, 매일 제공되는 10크레딧을 이용해 무료로 이용해 볼 수 있습니다.

### 1) 어떤 사람이 자주 사용하나요?

• SNS 콘텐츠 제작자 : 유튜버, 팟캐스터 등 영상이나 오디오 콘텐

츠에 맞는 배경음악을 쉽게 만들 수 있어 시간을 절약합니다.

- 음악가 : 창의적 아이디어가 필요할 때 새로운 장르나 스타일을 실험하거나, 이미 만든 음악을 리믹스하고 확장할 수 있습니다.
- 학생 및 교육자 : 프레젠테이션이나 e-러닝 콘텐츠에 맞는 배경음악을 빠르게 만들 수 있습니다.
- 비즈니스 사용자 : 프로모션 영상과 같이 콘텐츠에 맞는 맞춤형 배경음악을 만들 수 있습니다.

## 2) 어떻게 활용하면 좋을까요

- 쉽고 빠른 음악 생성 : 텍스트 입력만으로 몇 초 만에 곡을 완성할 수 있으며, 곡의 인트로와 아웃트로를 추가하거나 곡의 구성을 확장하는 기능도 제공합니다.
- 리믹스 및 확장 기능 : 생성된 곡을 미리 듣고 수정할 수 있고, 기존 음악을 리믹스하거나 추가 섹션을 삽입해 더 풍부한 구성을 만들 수 있습니다.
- 커버 아트 생성 : 음악과 일치하는 커버 아트를 AI가 자동으로 만들어 줘, 곡과 시각적 표현이 조화를 이룰 수 있습니다.

## 3) 어떤 상황에 유용할까요?

Udio는 콘텐츠 제작자들이 영상 배경음악이 필요할 때, 또는 뮤지션들이 새로운 아이디어나 영감을 얻고 싶을 때 신속하게 곡을 만들어 볼 수 있습니다. 또한 기업 마케팅이나 광고음악 제작에서

도 맞춤형 음악을 즉시 제공할 수 있어 효율적입니다

# Udio 사용방법

Uido<sup>https://www.udio.com</sup>는 현재 사용자들이 테스트를 하고 있는 베타 서비스 단계입니다. 웹사이트에 접속해 로그인을 한 후 상단 프롬프트 창에 다음과 같이 노래의 주제와 방향을 입력하고 'Create'를 누르면 2곡이 완성됩니다.

[프롬프트 예시]

경쾌한 팝 스타일 노래, 제목 '효율 UP'. 가사는 시간관리와 협업을 강조. 중간 코러스는 '함께하면 할 수 있어!' 반복. 가사 예 : '일도 척척, 계획 착착! 우리는 팀, 모두가 빛나!' 간결하고 따라 부르기 쉽게.

## 1) 제안(Suggestions)

프롬프트 입력 창 아래에는 키워드 제안 기능이 있는데, 마음에 드는 키워드를 클릭하면 자동으로 입력됩니다. 기본 설정은 '매뉴얼 모드'가 비활성화된 상태로, 이 상태에서 음악을 생성하면 입력된 프롬프트가 자동으로 개선됩니다. 만약 '매뉴얼 모드'를 활성화하면 프롬프트가 자동으로 수정되지 않고, 입력된 그대로 음악이 생성됩니다.

### 2) 모델(Model)

모델에는 udio-130과 udio-32의 두 가지 옵션이 있습니다.

- udio-130 : 4크레딧 소모, 2분 10초의 긴 음악을 생성합니다.
- udio-32 : 2크레딧 소모, 32초의 짧은 음악을 생성합니다

### 3) 가사(Lyrics)

- Auto-generated : 프롬프트 키워드에 맞춰 가사를 자동으로 생성합니다.
- Instrumental : 악기만으로 음악을 생성할 수 있습니다.
- Writer Lyrics : 사용자가 직접 가사를 입력할 수 있습니다.

Write Lyrics를 설정하면 사용자가 직접 커스텀한 가사를 입력할 수 있는 프롬프트 창이 나옵니다. 이곳에 가사를 입력하고 수정할 수 있습니다.

### 4) 고급기능(Advanced Features)

고급기능을 활용하여 음악을 세부적으로 조정할 수 있습니다.

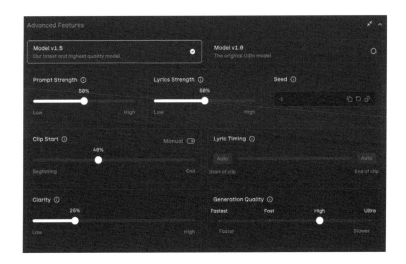

• 모델 버전 선택 : v1.0과 v1.5 중 선택 가능합니다. 새 버전을 테

AI로 음악 만들기 : 나도 이제 히트곡 작곡가!

스트하려면 v1.5를 권장합니다.

- Prompt Strength : 프롬프트가 음악에 미치는 영향 정도를 설정합니다. 값이 높을수록 프롬프트에 의존하며 자연스러움이 감소할 수 있습니다.

- Lyrics Strength : 가사가 음악에 미치는 영향 정도를 설정합니다. 값이 낮을수록 자연스러운 음악이 되지만 가사가 무시될 수 있습니다.

- Seed : '-1' 입력 시 랜덤한 음악을 생성합니다. 동일한 Seed와 프롬프트 입력 시 동일한 곡을 생성합니다.

- Clip Start : 생성된 클립의 시작 위치를 설정합니다. 0%는 시작, 50%는 중간, 90%는 끝에서 시작합니다.

- Lyric timing : 생성된 음악 클립 내에서 가사를 시작하고 끝내는 위치를 설정합니다. 퍼센트로 입력하면 해당 지점에서 가사가 출력되기 시작하며, 'Auto'를 선택하면 자동으로 설정됩니다.

- Clarity : 오디오의 선명도와 악기 분리도를 설정하는 값입니다. 값이 높을수록 선명도가 증가하지만 자연스러움이 감소할 수 있습니다.

- Generation Quality : 4가지 옵션이 있으며, 좌측으로 갈수록 음악 생성 속도가 빠르고, 우측으로 갈수록 음악의 품질이 향상됩니다.

# Udio 고급기능 활용방법

Udio에는 몇 가지 고유한 기능이 있습니다. 이 기능들은 음악 편집과 구성 확장에 더 많은 자유도를 제공하며, 전문적인 음악 작업에 있어 Udio를 특별하게 만들어 줍니다. 주요 기능을 알아보겠습니다.

### 1) 리믹스 기능

Udio에서는 기존에 생성된 곡을 리믹스하여 새로운 스타일이나 편곡을 시도할 수 있습니다. 이를 통해 같은 곡을 여러 버전으로 만들거나, 프로젝트에 맞게 변형된 곡을 만들 수 있습니다.

- Step 1 : Udio 왼쪽 메뉴창에서 'Library'를 선택한 후 리믹스할 곡에 마우스를 가져가 활성화되는 'Remix' 옵션을 클릭합니다.

• Step 2 : 새롭게 추가할 악기, 스타일, 가사 또는 편곡요소를 선택한 후 상단에 있는 노란색 'Remix' 버튼을 클릭합니다.

• Step 3 : Udio가 자동으로 2개의 리믹스 버전을 생성하면 들어본 후 수정하거나 완성된 곡을 저장합니다.

## 2) 곡 확장 (인트로/아웃트로 추가)

Udio는 인트로와 아웃트로를 자동으로 추가할 수 있으며, 곡의 구조를 확장해 더 복잡하고 정교한 음악을 만들 수 있습니다. 만약 곡이 마음에 드는데 길이가 너무 짧아서 아쉽다면 곡을 확장할 수 있는 'Extend' 기능을 사용합니다.

- Step 1 : 확장을 원하는 곡에 화살표(▽)를 누르고 'Extend' 버튼을 클릭합니다.

- Step 2 : 추가할 섹션(인트로, 아웃트로)를 선택하고 스타일을 설정한 후 상단에 있는 'Extend' 버튼을 눌러 곡을 30초 확장시킵니다('⊢→ Add section'으로 2절 가사를 추가).

- Step 3 : Udio가 자동으로 곡을 확장하여, 새로운 섹션이 포함된 완성된 곡을 생성합니다.

AI로 음악 만들기 : 나도 이제 히트곡 작곡가!

### 3) AI 기반 커버 아트 생성

Udio는 곡에 맞는 AI 기반 커버 아트를 자동으로 생성해, 곡의
시각적인 부분을 강조할 수 있습니다.

- Step 1 : Udio에서 생성한 곡에 우측 '…' 버튼을 클릭하고
  'Share' 옵션을 선택합니다.

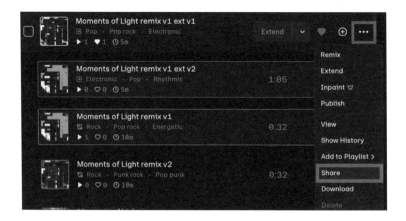

• Step 2 : 앨범 이미지 하단에 있는 'Generate Video'를 누르면 AI가 음악의 스타일에 맞는 커버 아트를 자동으로 생성해 줍니다.

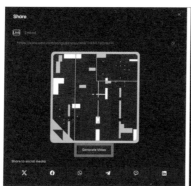

• Step 3 : 생성된 커버 아트를 다운로드하거나 음악과 함께 공유할 수 있습니다.

Udio에서 한글로 노래를 생성하는 과정에서 일부 발음이 부자연스럽거나 부정확하게 들리는 문제가 있기는 하지만, 현재 베타 버전인 만큼 앞으로 개선할 여지가 많고, 또 사용자들의 피드백을 바탕으로 발음 정확도가 점차 향상될 것으로 기대됩니다.

## 일레븐랩스로
## 내 목소리 녹음하기

### 일레븐랩스

일레븐랩스(ElevenLabs)는 텍스트를 입력하면 고품질의 음성으로 변환해 주는 TTS(Text-to-Speech) AI입니다. 다양한 감정, 억양, 음성 스타일을 표현할 수 있는 능력이 뛰어나, 단순한 정보 전달뿐만 아니라 감정이 담긴 음성을 만들 수 있는 것이 특징입니다.

일레븐랩스의 무료버전은 기본적인 음성합성 기능을 제공하며, 한 달에 약 10,000자 정도의 텍스트를 음성으로 변환할 수 있습니다. 다만 음성 선택과 감정 표현 등 세부 조정기능이 제한되고, 상업적 사용이 불가능합니다. 반면, 유료버전은 더 많은 문자 변환, 감정 표현 조정, 음성 클로닝 및 목소리 학습 기능을 제공하며, 생성한 음성을 상업적으로 사용할 수 있습니다.

## 1) 어떤 사람이 자주 사용하나요?

- SNS 콘텐츠 제작자 : 유튜브나 팟캐스트 등의 미디어에서 사람의 음성 대신 AI로 음성을 만들어 콘텐츠에 넣을 수 있습니다.
- 교육자 : 학습용 자료를 다양한 목소리로 제공하고 싶을 때 사용합니다.
- 마케팅 전문가 : 광고나 안내 메시지를 다양한 AI 음성으로 빠르게 제작합니다.
- 개발자 : 음성 기반 인터페이스(예 : 스마트 스피커)나 게임에서 NPC의 대사를 합성할 때 사용합니다.

## 2) 어떻게 활용하면 좋을까요?

- 오디오북 제작 : 감정과 톤을 고려해 텍스트를 음성으로 변환해주기 때문에, 오디오북을 제작할 때 유용합니다.
- 자동전화시스템 : 회사의 고객서비스 전화에서 자연스러운 안내 음성을 제공할 때 사용합니다.
- 디지털 캐릭터의 목소리 : 애니메이션이나 게임에서 캐릭터의 대사를 AI 음성으로 만들 수 있습니다.

## 3) 특화된 장점은 무엇인가요?

- 자연스러운 감정 표현 : 단순한 음성합성이 아닌, 감정과 억양을

잘 표현하는 것이 가장 큰 장점입니다.

- 다양한 언어와 억양 : 다양한 언어와 억양을 지원해 글로벌 콘텐츠 제작에도 활용 가능합니다.
- 커스터마이징 : 나만의 캐릭터 음성 등 사용자가 원하는 목소리를 직접 커스터마이징해서 사용할 수 있습니다.

### 4) 어떤 상황에 유용할까요?

직접 녹음할 시간이 없을 때 빠르게 음성 콘텐츠를 만들어 제작시간과 비용을 절약할 수 있습니다. 그리고 광고나 스토리텔링에서 감정을 담아 전달해야 할 때 도움이 됩니다.

## 일레븐랩스 사용방법

일레븐랩스 https://elevenlabs.io 웹사이트에서 'GET STARTED FREE' 버튼을 눌러 회원가입을 하고, 로그인을 합니다. 무료 플랜에서는 텍스트를 음성으로 변환하는 기능 등 기본적인 음성합성 기능을 사용할 수 있습니다.

화면 중앙에 있는 프롬프트 창에 AI가 읽어줄 텍스트를 입력하고 하단에 세팅되어 있는 몇 가지 기본 음성을 사용할 수 있습니다. 이 음성들은 이미 AI로 학습된 음성으로, 내가 입력한 텍스트를 바탕으로 빠르게 음성 파일을 생성할 수 있습니다.

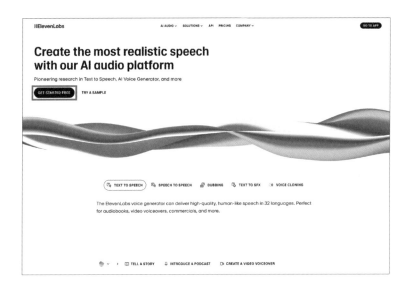

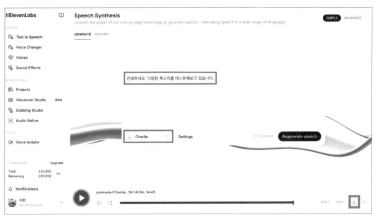

하단의 '재생' 버튼을 눌러 생성된 음성 파일을 미리 들어본 후 마음에 들면 다운로드하거나 공유할 수 있습니다. 일레브랩스의 무료 플랜에서는 월 10,000자까지 텍스트를 음성으로 변환할 수 있는데, 문자 수는 약 10분 가량의 음성에 해당합니다. 한 번에 입력할 수 있는 최대 텍스트는 2,500자이며, 이 제한을 넘어서면 음성을 생성할 수 없으므로 텍스트를 분할해 입력해야 합니다.

## 일레븐랩스로 내 목소리 학습시키기

일레븐랩스에서 내 목소리를 학습시켜 비슷한 AI 음성으로 만들기 위해서는 유료 구독이 필요합니다. 유료 플랜에서는 고품질의 음성 데이터를 처리하고, 더 정확하고 자연스러운 음성을 만들 수 있습니다. 이는 단순히 목소리를 복제하는 것에 그치지 않고, AI가 음성의 억양, 리듬, 감정 표현까지 학습하여 다양한 상황에서 실제 목소리와 유사한 음성을 제공합니다.

이렇게 학습된 AI 음성은 다양한 방식으로 활용할 수 있습니다. 예를 들어 오디오북 제작, 동영상 내레이션, 고객서비스 응답, 개인화된 음성메시지 등에서 자연스럽게 사용할 수 있어, 시간과 노력을 절약하면서 개인화된 콘텐츠를 쉽게 만들 수 있습니다. 특히 꾸준한 콘텐츠 제작이 필요한 상황에서 내 목소리로 자동화된 작업을 진행할 수 있습니다.

일레븐랩스의 음성복제(Instant Voice Cloning) 기능을 사용하기 위해서는 최소 1~2분 정도의 명확한 음성 데이터가 필요합니다. 이 음성녹음은 목소리의 고유한 특징을 AI가 빠르게 파악할 수 있도록 해줍니다. 녹음이 되었다면 좌측 메뉴에서 'Voice'를 선택한 후 'Add a new Voice'를 클릭합니다.

 그리고 사용자의 목소리를 학습해 텍스트를 읽는 음성 파일을
생성하는 'Instant Voice Cloning'을 선택합니다. 팝업 창에 학습
시키려는 나의 음성파일을 업로드하고 정보를 작성합니다. 목소리
가 선명하게 녹음된 파일일수록 학습이 잘됩니다.

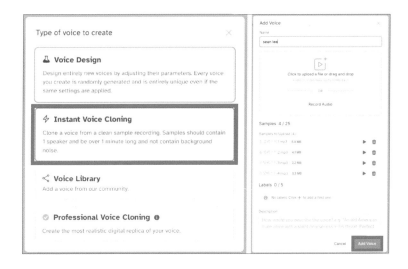

 잠시 기다리면 'voice lab'에 음성이 추가됩니다. 음성 결과물을
들어보고 마음에 들면 하단의 '다운로드' 버튼을 클릭하여 음성파
일을 다운로드해서 사용하면 됩니다.

일레븐랩스의 음성합성 기능은 감정 표현이나 발음에서 아직 완벽하지 않은 부분이 있습니다. 이를 개선하려면 텍스트를 입력할 때 단락 구분, 쉼표, 느낌표, 물음표 등의 작은 변화를 주면서 자연스러운 결과가 나올 때까지 반복적으로 재생성하는 과정이 필요합니다.

# 3

---

# 클로드와 챗GPT로
# 노래 가사 만들기

노래를 만들 때 가장 큰 고민은 '내가 전하고자 하는 메시지를 잘 전달할 수 있는가'입니다. 대중가요처럼 많은 이들이 공감할 수 있는 트렌디한 가사나 감성적인 노랫말을 만들고 싶지만, 짧은 글로 표현하는 것은 쉽지 않습니다. 이럴 때 AI의 도움을 받으면 그 고민을 줄일 수 있습니다.

생성형 AI 중 글쓰기에 가장 적합한 것으로 클로드를 추천합니다. 클로드(Claude)는 언어능력이 뛰어나기 때문에 좀 더 서정적이고 감성적인 가사를 만들 수 있습니다. 노래의 주제가 정해졌다면 내가 좋아하는 스타일이 뭔지를 파악해야 합니다. 내가 좋아하는 가사 스타일은 무엇인지 또는 내가 좋아하는 표현은 어떤 것인지를 먼저 확인해 봅니다. 저는 마쓰오 바쇼라는 하이쿠 작가를 좋아해 그가 쓴 표현들을 챙겨 두었습니다. 이런 내용을 바탕으로 클로드를 이용해 감성적이고 서정적인 노래 가사를 만들어 보겠습니다.

클로드의 대화 창에 [**너는 지금부터 여름에 대한 노래를 쓸 거야. 시원하고 청명한 느낌과 여름이란 계절에 대한 느낌이 서정적으로 들어간 노래 가사를 작성해 줘. 스타일은 일본 하이쿠 '바쇼' 스타일로 짧게 작성해 주고, 절 후렴 절 후렴 구성으로 4마디가 넘지 않게 간결하게 적어줘. 너무 설명적이지 않은 은유적인 표현들로 부탁해**]라고 입력하고, '여름 하이쿠 스타일 노래가사'를 첨부해 학습시켜 17글자 형식의 하이쿠 스타일로 가사를 만들었습니다.

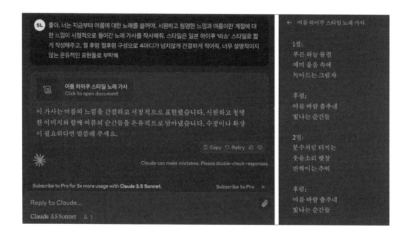

여기서 한 가지 팁을 소개해 드리면 평소 좋아하는 노래들을 플레이리스트로 정리해 두는 것입니다. 저는 검정치마, 잔나비, 산울림, 이소라의 노래들이 들어있는 플레이리스트를 화면 캡처해서 업로드한 후 [**다음은 내가 좋아하는 곡들을 캡처한 사진이야. 각 노래들의 가**

사를 학습해 줘. 이 가사들의 스타일을 통해서 새로운 작사를 하려고 해. 여름에 관한 노래를 만들고 싶어. 여름철 무더위가 끝나고 가을로 넘어가는 선선한 바람이 불 때 기분을 잘 표현하는 차분한 노래이고, 계절과 은유 감성적인 가사들로 힐링할 수 있으면 좋겠어]라고 입력해 가사를 더 발전시켜보았습니다.

   이처럼 나에게 맞는 좋은 가사를 만들기 위해서는 사전에 내가 어떤 스타일의 가사를 좋아하는지, 내가 만들고 싶은 결과물을 찾아 정리해 봐야 합니다. 이때 노래 가사도 좋고, 책에 있는 표현도 좋고, 평소 감동 받았던 SNS의 글들을 모아 하나의 스타일로 만들어 활용하면 좋습니다.

## GPTs 챗봇을 활용해 가사 만들기

챗GPT의 GPTs에는 Suno의 가사를 만들어 주는 챗봇이 있습니다. 여기에서는 'Suno AI V3 – Lyrics' 챗봇을 활용해 Suno에 어울리는 가사를 만들어 보겠습니다.

'Suno AI V3 – Lyrics' 챗봇에서 '채팅 시작'을 누르면 Suno 작사를 프로페셔널하게 도와주는 GPT와 채팅을 할 수 있습니다. 이 챗봇은 노래 가사 작성을 돕는 역할을 하며, 사용자가 원하는 스타일, 장르, 노래 구조에 맞춰 가사를 작성해 줍니다.

예를 들어 [**회사 워크숍 오전 교육시간이야. 어젯밤 숙취가 싹 사라질 수 있는 활기찬 분위기의 '숙취해소 송'을 만들어 줘**]라고 입력합니다. Suno AI 챗봇은 요청한 대로 제목과 음악의 스타일, 가사까지 한번에 만들어 줍니다. 이렇게 완성된 가사는 Suno의 커스텀 모드를 이용해 멋진 노래로 만들 수 있습니다.

회사 워크샵 오전 교육 시간에 어제 밤 숙취가 싹 사라질 수 있는 활기찬 분위기의
'숙취해소송' 을 만들어줘.

 활기차고 재밌는 분위기의 **'숙취해소송'**을 **Funk, Pop** 스타일로 만들어보겠습니다. 이 노래는 워크샵의 아침
을 활기차게 열어주며, 숙취를 날려버릴 만큼 신나는 리듬을 가질 것입니다.

### Title: "숙취야 가라!"

**Style, Genre, and Type**: Funk, Pop

**Lyrics:**

[Intro]
Wake up, wake up, it's a brand new day!
숙취야 가라, 더 이상 stay!

[Verse 1]
어젯밤은 뜨겁게 달렸지,
이제 아침이야, 나를 깨워봐, hey!
머리가 살짝 띵, 하지만 괜찮아,
이제 움직일 시간, 모두 같이 가자!

[Pre-Chorus]
물을 한 잔 마시고, 깊게 숨을 쉬어,
커피 한 모금에, 활력이 솟아나!
몸을 흔들어봐, 더는 머뭇대지 마,
지금부터 시작이야, Let's go, let's fly!

[Chorus]
숙취야 가라, 우린 달려간다,
신나는 리듬에 맞춰서 춤춰보자!

Part
5

# 직업별
# AI 활용 실습

# 1

## 직장인

직장인이 '제미나이'와 '드림머신'을 활용해 **보고서, 프레젠테이션 및 내부 교육에 필요한 이미지와 영상**을 제작하는 방법에 대해 실습해 보겠습니다.

[사례]

저는 소방서에 근무하고 있습니다. 내부 홍보자료를 효과적으로 전달하기 위해 동영상 콘텐츠를 만들려고 합니다. 이 동영상은 유튜브 쇼츠나 인스타그램 릴스를 통해 홍보용으로 사용할 예정입니다. 가을철 조심해야 할 안전수칙과 관련해 짧은 영상을 '충주시 유튜브 스타일'로 만들려고 하는데, 유행하는 밈을 찾는 게 시간도 오래 걸리고, 그 밑과 핵심주제를 어떻게 자연스럽게 연결시킬지 아이디어가 떠오르지 않습니다. 이런 부분들을 AI를 활용해 해결하고, 고민하는 시간을 줄이고 싶습니다.

## 제미나이를 이용해 쇼츠 대본 만들기

우선 유튜브에 관련된 동영상이 있는지 검색하기 위해 구글 검색에 최적화된 제미나이를 사용해 보겠습니다. 제미나이<sup>https://gemini.google.com</sup>에 접속해 로그인을 한 후 왼쪽 하단의 '설정'을 누르면 확장프로그램을 선택할 수 있습니다. 이곳에서 구글과 연동된 확장프로그램들을 선택할 수 있는데, 유튜브 동영상 탐색을 위해 유튜브의 '설정' 버튼을 활성화시켜 줍니다.

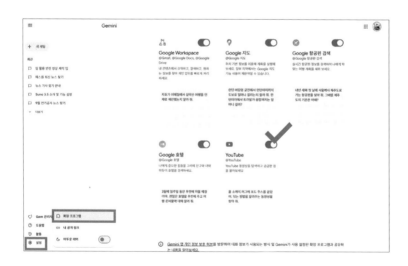

제미나이로 돌아와 주제와 스타일, 고민되는 부분들을 포함해 프롬프트 창에 [가을철 조심해야 할 안전수칙과 관련된 짧은 영상(유튜브 쇼츠나 릴스)을 '충주시 유튜브' 스타일로 만들려고 해. 우선 유행하는 밈을 찾는 게 시간도 오래 걸리고 어려워. 이런 부분들을 해결하고 영상을 만드는 시간을 줄일 수 있도록 최근 실시간 조회 수가 가장 많은 인기 밈을 5개만 알려줘]라고 입력합니다.

검색결과에서 마음에 드는 밈 영상을 찾았다면 '불조심'과 '뱀조심'처럼 가을에 조심해야 할 안전수칙과 관련한 주제를 자연스럽게 연결시킬 수 있는 스크립트를 만들어야 합니다. 제미나이에서 [위의 밈 중에서 '불조심' '뱀조심'과 관련한 주제를 자연스럽게 연결시킨 짧은 영상 스크립트 예제를 5가지만 만들어 줘]라고 입력해 스크립트 예시를

5가지 추천받습니다.

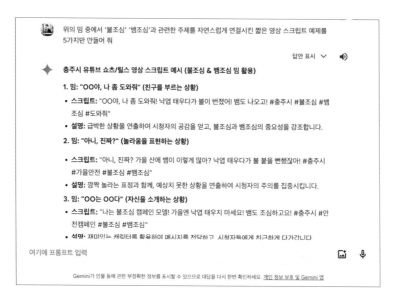

## 드림머신으로 동영상 만들기

제미나이가 추천한 5개의 스크립트 중 마음에 드는 2번의 내용
으로 드림머신을 이용해 영상으로 만들어 보겠습니다.

· 밈 : "아니, 진짜?" (놀라움을 표현하는 상황)

· 스크립트 : "아니, 진짜? 가을 산에 뱀이 이렇게 많아? 낙엽 태우다가 불
붙을 뻔했잖아! #충주시 #가을안전 #불조심 #뱀조심"

· 설명 : 깜짝 놀라는 표정과 함께, 예상치 못한 상황을 연출하여 시청자의
주의를 집중시킵니다.

드림머신에서 자연스러운 영상을 만들기 위해서는 다음과 같은 사항들을 고려해 프롬프트를 작성해야 합니다.

① **명확한 장면 설명** : 인물의 행동과 배경을 구체적으로 묘사하세요. → '사람이 갑자기 뱀을 보고 놀란다' 대신 '사람이 뱀을 발견하고 놀라서 뒷걸음질 치며 눈을 크게 뜬다'처럼 설명
② **시간 흐름** : 장면 간 연결을 순차적으로 설명하세요. → '첫 장면에서 낙엽을 태우던 사람이 갑자기 뱀을 발견하고 놀란다. 그 후 불이 붙을 뻔한 장면이 나온다'처럼 단계적으로 설명
③ **감정 표현** : 인물의 감정과 반응을 강조하세요. → '놀라며 크게 눈을 뜬다' 또는 '안도하며 긴장을 푼다'와 같은 감정 표현
④ **짧고 명확한 문장** : 핵심만 간결하게 서술하세요. → 핵심을 중심으로 서술하고, 필요한 정보만 간결하게 제공함

위의 고려사항을 바탕으로 다음과 같이 3가지 장면으로 프롬프트를 정리해 보았습니다.

**1) 사람이 가을 산에서 낙엽을 태우고 있는 모습. 주변에 노란 낙엽과 맑은 푸른 하늘이 보임**

사람이 가을 산에서 낙엽을 태우고 있는 모습. 주변에 노란 낙엽과 맑은 푸른 하늘이 보임

■ Loop  ☑ Enhance prompt

2) 사람이 뱀을 발견하고 놀라는 장면. 갑작스럽고 예기치 못한 상황에 놀란 표정이 크게 강조됨

3) 불이 낙엽에 옮겨 붙을 뻔한 긴박한 순간. 긴장감이 높아지며 불이 퍼지지 않게 상황을 정리하려는 장면

위의 단계처럼 상황을 묘사하는 프롬프트를 적어주고 영상을 생성합니다. 드림머신을 사용해 영상을 제작한 후, 완성된 영상을 검토하여 자연스럽고 잘 나온 장면만 골라 최종 결과물로 활용합니다. 만약 만족스럽지 않은 부분이 있으면, 프롬프트를 더 간결하게 수정하거나 바꿔서 여러 번 만들어 보며 최적의 장면을 찾아보도록 합니다.

현재 영상제작 AI로 한 번에 완벽하고 자연스러운 영상을 만드는 것은 쉽지 않습니다. 결과물에서 어색한 움직임, 부자연스러운 흐름, 밋밋한 분위기, 색감 문제 같은 단점들이 생길 수 있습니다. 하지만 이런 부분들은 충분히 재해석할 수 있으며, 어느 정도 편집을 통해 개선할 수 있습니다. 부자연스러운 흐름은 속도와 타이밍을 조절하여 자연스럽게 바꿀 수 있고, 밋밋한 분위기에는 적절한 음악과 사운드를 추가해 감정을 더할 수 있습니다. 색감 문제는 필터나 색 보정을 통해 해결하고, 어색한 부분은 자막을 추가해 보완을 해 나간다면 좀 더 완성도 높은 영상을 만들 수 있습니다.

---

# 소상공인 & 자영업자

　　자영업자가 '챗GPT' 'MS 디자이너' '포토피아'를
활용해 **매장 홍보용 SNS 콘텐츠**를 제작하는 방법에 대해 실습해 보겠
습니다.

[사례]

　저는 국립중앙도서관 내에 새로 카페를 오픈하는 자영업자입니
다. 도서관이라는 특별한 공간에서 카페를 시작하면서, 책과 커피가
어우러지는 독특한 경험을 고객들에게 제공하고 싶습니다. 이를 위
해 저희 카페의 시그니처 메뉴를 만들어 SNS에 홍보하고자 합니다.
사람들이 콘텐츠를 보고 나면 자연스럽게 매장을 방문하고 싶게 만드는 것이 목표입니다. 그래서 최신 유행을 빠르게 분석하고 적절한 아이디어를 제시할 수 있는 AI의 도움을 받아보고 싶습니다.


## 챗GPT로 카페 브랜드와 추천 메뉴 이름 만들기

먼저 챗GPT에게 [국립중앙도서관 1층에 새로운 카페 브랜드를 출시하려고 해. 5개의 창의적인 이름을 지어주고, 왜 그렇게 지었는지 설명해 줘]라고 카페 브랜드의 이름을 제안했습니다.

---

국립중앙도서관 1층에 새로운 카페 브랜드를 출시하려고 해. 5개의 창의적인 이름을 지어주고, 왜 그렇게 지었는지 설명해 줘

1. **책향(冊香)**
   - 도서관과 책의 향기를 담아낸 이름으로, 카페에서 책을 읽으며 커피 향을 느끼는 경험을 떠올리게 한다. "책"과 "향"의 결합으로 도서관의 분위기를 반영하며 따뜻한 느낌을 준다.
2. **페이지(PAGE) 브루**
   - 도서관에서 책을 읽을 때 넘기는 페이지와 커피를 추출하는 "브루(Brew)"의 의미를 결합. 책 한 장 한 장을 넘기며 커피를 즐기는 느낌을 강조해, 도서관과 카페의 조화를 표현한다.
3. **독서당(讀書堂) 커피**
   - '독서당'은 책을 읽는 공간을 의미하며, 도서관의 특성과 잘 맞아떨어진다. 여유로운 분위기 속에서 지적이고 품격 있는 시간을 즐길 수 있다는 느낌을 담았다.
4. **책방 한잔**
   - '책방'과 커피 한 잔을 함께하는 이미지로, 도서관 안에서 책을 읽으며 편하게 커피를 즐길 수 있는 공간임을 상징한다. 가볍고 친근한 느낌으로 사람들이 쉽게 기억할 수 있다.
5. **커피북(Coffee Book)**
   - '커피'와 '북'을 결합한 간단한 이름으로, 도서관 내에서 커피를 마시며 책을 읽는 행위를 직접적으로 표현했다. 심플하면서도 직관적으로 카페의 분위기를 전달한다.

이 중 어떤 이름이 가장 마음에 드는지?

메시지 ChatGPT

ChatGPT는 실수를 할 수 있습니다. 중요한 정보를 확인하세요.

---

챗GPT가 5개의 카페 브랜드 이름을 추천해 주었는데, 이 중 2번의 '페이지브루(Page Brew)'라는 이름이 마음에 들었습니다. 그럼 이어서 챗GPT에게 [2번 페이지브루 카페 브랜드의 시그니처 음료 메뉴를 만들려고 해. 도서관과 어울리는 음료 메뉴의 이름과 레시피, 마실 때의 느낌을 최대한 상세히 적어줘]라고 메뉴 이름과 레시피를 물어봅니다.

> 2번 페이지브루 카페 브랜드의 시그니처 음료 메뉴를 만들려고 해. 도서관과 어울리는 음료 메뉴의 이름과 레시피, 마실 때의 느낌을 최대한 상세히 적어줘
>
> **메뉴 이름: 챕터 모카 (Chapter Mocha)**
>
> 레시피:
>
> - **진한 에스프레소 (한 잔)**: 첫 챕터를 시작하는 순간처럼 깊고 강렬한 향을 주는 에스프레소 한 잔을 기본으로 넣어. 마치 이야기가 시작되며 집중하게 만드는 순간을 상징해.
> - **다크 초콜릿 소스**: 도서관의 책장 속 깊이 숨겨진 이야기처럼, 달콤하지만 씁쓸한 다크 초콜릿이 깔려 있어. 이 초콜릿은 마치 서사의 비밀스러운 전개처럼 한 모금마다 깊이를 더해.
> - **스팀 밀크**: 중반부로 넘어가는 이야기처럼 부드럽고 따뜻한 우유가 에스프레소와 초콜릿을 감싸며 풍부한 맛을 더해. 마치 이야기가 전개되면서 느끼는 안락함과 안정감 같아.
> - **휘핑크림**: 마지막 장으로 향할 때 기대감이 커지듯이, 달콤하고 부드러운 휘핑크림이 음료 위에 올려져 있어. 책의 결말을 앞둔 달콤한 긴장감을 표현한 거야.
> - **초콜릿 파우더**: 마무리로 뿌리는 초콜릿 파우더는 에필로그처럼 마지막까지 남아 있는 은은한 여운을 줘.
>
> 마실 때의 느낌:
>
> 첫 모금은 마치 책의 첫 페이지를 넘길 때 느끼는 설렘과 비슷해. 에스프레소의 진한 향이 먼저 다가와 집중하게 만들고, 이어서 초콜릿의 달콤함이 깃들며 마치 이야기가 완성되며 펼쳐지는 느낌을 줘.

## MS 디자이너로 메뉴 이미지 만들기

챗GPT가 제안해 준 '챕터 모카' 메뉴를 바탕으로 MS 디자이너를 이용해 각각의 레시피 이미지를 만들어 보겠습니다.

MS 디자이너https://designer.microsoft.com의 'AI로 만들기'에서 '이미지'를 선택한 후 '설명'에 챗GPT가 작성해 준 레시피의 내용들을 순서대로 붙여넣고, '크기'는 세로 방향으로 설정합니다.

· 진한 에스프레소 (한 잔) : 첫 챕터를 시작하는 순간처럼 깊고 강렬한 향을
주는 에스프레소 한 잔을 기본으로 넣어. 마치 이야기가 시작되며 집중하
게 만드는 순간을 상징해.

· 다크 초콜릿 소스 : 도서관의 책장 속 깊이 숨겨진 이야기처럼, 달콤하지만 쌉싸름한 다크 초콜릿이 깔려 있어. 이 초콜릿은 마치 서사의 비밀스러운 전개처럼 한 모금마다 깊이를 더해.

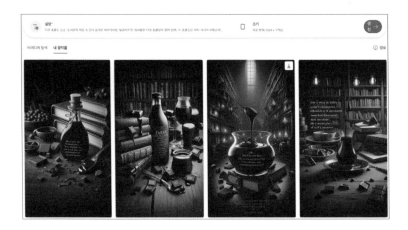

· 스팀 밀크 : 중반부로 넘어가는 이야기처럼 부드럽고 따뜻한 우유가 에스프레소와 초콜릿을 감싸며 풍부한 맛을 더해. 마치 이야기가 전개되면서 느끼는 안락함과 안정감 같아.

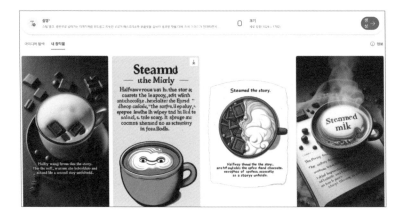

· 휘핑크림 : 마지막 장으로 향할 때 기대감이 커지듯이, 달콤하고 부드러운 휘핑크림이 음료 위에 올려져 있어. 책의 결말을 앞둔 달콤한 긴장감을 표현한 거야.

· 초콜릿 파우더 : 마무리로 뿌리는 초콜릿 파우더는 에필로그처럼 마지막까지 남아 있는 은은한 여운을 줘.

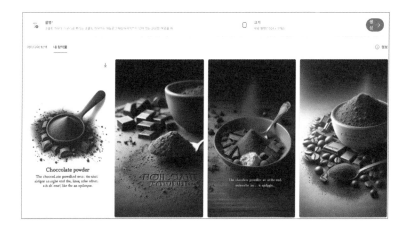

다양한 이미지들을 생성해 보면서 '챕터 모카'의 느낌을 낼 수 있는 이미지를 선택한 후 다운로드나 추가 편집을 할 수 있습니다. 이미지를 선택하고 '편집' 버튼을 누르면 이미지를 편집할 수 있는 창으로 이동합니다.

왼쪽 상단 '편집' 버튼을 누르면 AI가 다양한 스타일로 이미지를 바꿔줍니다. 예를 들어 '팝아트'를 선택하면 설정한 이미지를 바탕으로 스타일을 변경해 4장의 이미지를 새로 만들어 줍니다.

'텍스트' 메뉴에서는 텍스트의 색상, 크기, 글꼴 등을 바꿀 수 있으니 텍스트의 느낌을 다양하게 비교해 가며 이미지를 완성하면 됩니다. 완성된 이미지는 우측 상단의 '다운로드' 버튼을 클릭해 원하는 파일 형식으로 다운로드 받을 수 있습니다.

# 포토피아에서 이미지 속
# 텍스트 수정하기

　MS 디자이너를 통해 이미지를 만들 때, 한글 폰트가 제대로 적용되지 않는 경우가 있습니다. 이는 MS 디자이너가 아직 한글 폰트를 완벽히 지원하지 않거나 시스템상의 폰트 설정 문제로 인해 발생하는 문제입니다. 이때 '포토피아'를 이용하면 간단히 이미지를 지우거나 수정할 수 있습니다.

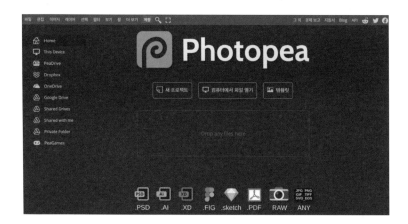

　포토피아https://www.photopea.com는 웹 기반 이미지 편집도구로, 포토샵과 유사한 기능을 제공합니다. 무료로 사용할 수 있으며, 별도의 프로그램 설치 없이 웹 브라우저에서 바로 실행할 수 있어 편리합니다.

　MS 디자이너에서 다운로드한 이미지를 포토피아에 드래그 앤 드롭하여 업로드합니다. 업로드한 이미지를 좌측 '돋보기' 모양으로 확대한 후 '얼룩복구브러시' 도구를 사용해 지우고 싶은 텍스트 부분을 마우스로 드래그하면 지워집니다.

이처럼 생성된 이미지에서 아쉬운 부분은 포토피아를 통해 간단한 수정을 거친 후 텍스트 작업을 해주면 더욱 좋은 이미지를 완성할 수 있습니다.

# 마케터 & 디자이너

　　마케터가 '미드저니'와 '챗GPT' '포토샵'을 활용해 **제품의 광고 이미지**를 제작하는 방법에 대해 실습해 보겠습니다.

[사례]

　　저는 화장품 회사에서 디자이너이자 마케터로 일하고 있습니다. 최근 저희 회사는 피부를 깨끗하게 하고 생기를 불어넣어 줄 신제품 클렌저를 출시했습니다. 이 제품은 기존 클렌저와는 차별화된 성분과 기능을 가지고 있어, 고객들에게 강한 인상을 남기고 싶습니다. 따라서 이를 홍보할 시각적인 광고 이미지도 그만큼 강렬하고 효과적으로 만들어야 한다고 생각합니다. AI 도구를 활용해 최신 트렌드와 이미지 스타일을 빠르게 파악하고, 제품의 강점을 돋보이게 할 시각적 요소를 제안하고 싶습니다.

# 챗GPT를 사용해
# 프롬프트 구체화하기

미리 준비한 이미지나 제품의 특징을 세부적으로 정리해 두면, AI가 작업의 구체적인 요구사항을 명확히 이해하게 되어 더 정확하고 일관된 결과물을 생성하도록 돕습니다. 이를 통해 수정 없이 처음부터 고품질의 결과물을 얻을 수 있으며, 다양한 시각적 요소들이 자연스럽게 어우러져 완성도 높은 최종 결과물이 나옵니다. 이러한 과정은 창작의 만족도와 효율성을 높이는 데 큰 도움이 됩니다.

챗GPT를 통해 다음과 같은 질문으로 프롬프트를 구체화시켜 보겠습니다. 예를 들어 [○○클렌저 제품의 주요 특징과 효과를 미드저니를 사용해 시각적으로 표현하려고 해. 제품의 장점이 잘 드러나는 이미지를 만들기 위해 내가 너에게 어떤 정보를 제공하면 되는지 역으로 물어봐 줘]라고 입력하면 챗GPT가 필요한 정보를 묻습니다. 이 질문에 대한 답변을 하면서 제품의 특징을 세부적으로 정리하다 보면 이미지 프롬프트를 더욱 정교하고 설득력 있게 작성할 수 있습니다.

OO클랜저 제품의 주요 특징과 효과를 미드저니를 사용해 시각적으로 표현하려고 해.
제품의 장점이 잘 드러나는 이미지를 만들기 위해서 내가 어떤 정보를 너한테 제공하면 되는지 역으로 물어봐줘.

OO클랜저 제품의 장점이 잘 드러나는 이미지를 만들기 위해서는 다음과 같은 정보를 제공해 주시면 좋을 것 같아요:

1. **제품의 핵심 성분**: 클렌저에 어떤 성분이 포함되어 있고, 이 성분들이 어떤 효과를 주는지.

2. **사용 대상**: 특정 피부 타입(예: 민감성, 건성, 지성)이나 사용자에 맞춰진 제품인가요?

3. **클렌저의 텍스처**: 크림형, 젤형, 품형 등 제품의 질감과 사용 시 느낌.

4. **사용 후 효과**: 제품을 사용한 후의 피부 상태(예: 촉촉함, 깨끗함, 매끈함).

5. **브랜드 이미지**: 이 제품이 속한 브랜드가 전달하고자 하는 분위기(예: 자연 친화적, 럭셔리, 모던).

6. **패키지 디자인**: 제품의 외관을 시각적으로 표현하는 데 중요한 패키지 색상, 형태, 로고 등을 알려주세요.

이 질문을 참고해서 어떤 정보를 제공해 주면 좋을지 생각해 볼까요?

# 미드저니로 제품의 컨셉을 시각화하고 홍보하는 5가지 방법

제품을 홍보하려는 마케터, 디자이너가 미드저니를 효과적으로 사용하려면 창의적이고 매력적인 이미지를 생성하여 제품의 장점을 강조하는 데 집중하는 것이 좋습니다. 미드저니에서는 제품의 분위기나 감성을 시각적으로 표현할 수 있는데, 제품이 주는 느낌을 효과적으로 전달하는 5가지 방법을 알아보겠습니다.

## 1) 제품의 컨셉이나 브랜드 이미지 강조하기

미드저니를 이용해 제품의 핵심 컨셉, 브랜드 정체성을 시각적으로 표현하는 이미지를 만들 수 있습니다. 예를 들어 '자연스러움' '고급스러움' '모던함' 같은 브랜드의 감성을 강조하는 시각적 이미지를 만들면 고객의 관심을 끌 수 있습니다. 이 방법으로 제품의 이미지가 아닌, 제품을 사용하는 경험과 감정을 전달할 수 있습니다. 참고로 미드저니에서는 영어로 입력해야 좋은 이미지를 만들 수 있습니다. 여기에서는 프롬프트의 내용을 참고하기 위해 한글 명령어로 소개합니다.

[프롬프트 예시]

부드럽고 확산된 조명이 돌과 나무의 매끄러운 표면에 반사되는 우아하고 현대적인 욕실. 유기적인 재료로 장식된 미니멀한 공간은 고급스러움과 평온함의 분위기를 조성한다. 중심에는 프리미엄 스킨케어 제품이 놓여 있어 자연과 웰니스와의 연결을 강조하며, 브랜드의 순수함, 세련미, 자연미의 본질을 상징한다.

2) 제품을 사용하는 상황 연출

제품을 직접적으로 묘사하지 않고, 제품이 사용되는 상황을 연출하는 이미지를 만들 수 있습니다. 예를 들어 클렌저를 사용하는 사람의 손이나 세안하는 장면을 미드저니로 만들어 제품의 용도나 경험을 시각화할 수 있습니다. 이 방법으로 제품의 사용감을 이미지로 표현할 수 있습니다.

[프롬프트 예시]

스파 같은 고요한 환경에서 손으로 부드럽게 고급스러운 거품 클렌저를 바르는 클로즈업 장면. 부드러운 거품이 피부에 녹아드는 모습이 보이며, 배경에는 섬세한 물방울과 신선한 녹색 식물이 자리하고 있다. 파파야 조각과 같은 은은한 요소들이 더해져 깊고 부드러운 각질 제거와 영양 공급을 연상시킨다. 이 장면은 상쾌하고, 진정되며, 활력을 되찾는 느낌을 주며, 엔자임 클렌저를 통한 매끄럽고 빛나는 피부를 강조한다.

3) 브랜드의 비전이나 철학 표현

제품의 특징을 넘어, 그 제품이 지향하는 가치나 철학을 시각적으로 표현하는 것도 효과적입니다. 예를 들어 친환경, 건강, 웰빙 등 제품의 핵심 철학을 이미지로 구체화할 수 있습니다.

부드러운 햇빛이 무성한 녹색 잎 사이로 스며들고, 잔잔한 물줄기가 흐르는 평화로운 자연의 장면. 전경에는 파파야가 잘려 있어 자연 유래 효소의 힘을 상징한다. 이 전체적인 장면은 지속 가능성, 부드러운 각질 제거, 그리고 맑고 빛나는 피부를 위한 수분 공급을 중시하는 스킨케어 철학을 반영하고 있다.

### 4) 제품의 질감이나 재료 시각화

제품의 질감을 시각적으로 표현하면 브랜드의 매력을 더욱 돋보이게 할 수 있습니다. 예를 들어 파우더리한 미세입자가 부드럽게 퍼지는 이미지를 통해 촉촉하고 매끄러운 피부를 연상시키고, 제품의 부드러운 텍스처를 배경과 조화시켜 제품의 특징을 직관적으로 전달할 수 있습니다.

[프롬프트 예시]

스킨케어 제품 병이 부드러운 빛에 감싸여 매끄럽고 실키한 피부를 시각

적으로 표현합니다. 미세한 파우더 입자가 피부 위에서 부드럽게 녹아 각

질을 제거하고, 파파야 효소가 피부를 밝고 촉촉하게 가꿔줍니다. 피부는

부드럽고 촉촉하며, 고르고 투명한 질감을 강조합니다. 자극이 적고 자연

스러운 미학을 바탕으로 부드러움과 활력을 전달합니다.

5) 비주얼 스토리텔링

미드저니의 스타일리시한 비주얼을 활용해 제품과 관련된 이야

기를 만들어 낼 수 있습니다. 예를 들어 피부가 건강해지는 과정을

시각화하거나, 제품을 통해 느껴질 수 있는 기분(상쾌함, 편안함)을 이

미지로 표현하는 방법이 있습니다.

[프롬프트 예시]

매끄럽고 빛나는 피부의 얼굴을 클로즈업한 장면으로, 사람이 클렌저 사

용 후 뺨을 부드럽게 만지고 있다. 배경은 부드럽고 흐릿하며, 따뜻하고

빛나는 조명이 피부의 상쾌함과 수분감을 상징한다. 얼굴에 떠오른 표정

은 클렌저의 재생과 미백 효과를 표현하며, 맑고 매끄러운 피부를 드러내

**는 능력을 강조하고 있다.**

　이처럼 제품의 컨셉을 시각화하는 5가지 방법을 통해 미드저니
로 생성한 이미지를 활용하면 브랜드 이미지와 제품 경험을 감각적
으로 전달할 수 있고, 최종적으로 포토샵을 사용해 편집의 완성도
를 높일 수 있습니다.

미드저니와 실제 제품을 편집해 완성한 클렌저 이미지

## 영업인

영업인이 '챗GPT' 'Vrew PC 버전' 'Suno'를 활용해 **제품 소개 및 영업 제안 영상과 계약 체결 음악**을 만드는 방법에 대해 실습해 보겠습니다.

[사례]

저는 ○○보험회사 지점장입니다. 새로 입사한 영업사원들이 고객과 자연스럽게 소통하는 데 어려움을 겪는 모습을 자주 보았습니다. 연차가 있는 경력사원들은 짧고 임팩트 있는 영상으로 고객의 관심을 효과적으로 끌어내고 있습니다. 그러나 신입사원들은 기획과 영상 편집을 부담스럽고 번거로워합니다. 이에 AI 도구를 활용해 영업용 영상을 제작해, 신입사원들이 고객과의 첫 만남에서 부담 없이 친근감을 형성할 수 있도록 지원해 주고 싶습니다.

## Vrew를 이용해 쇼츠 영상 만들기

먼저 Vrew PC 버전을 설치하고 텍스트로 영상을 만들어 보겠습니다.

'텍스트로 비디오 만들기'를 선택한 후 영상 스타일과 자막 길이, 자막 위치를 설정합니다(파트 3의 2장 'Vrew PC 버전으로 동영상 자동 편집하기'를 참고하세요).

영상의 주제는 [사전정보동의서 LMS의 설명에 대한 정보성 영상]이라고 입력합니다. 그리고 대화 창 오른쪽의 'AI 글쓰기'를 클릭하면 AI가 자동으로 영상 대본을 작성해 줍니다.

AI가 작성한 대본을 보고 수정할 부분이 있으면 수정하고, 추가
할 내용이 있으면 '이어쓰기' 버튼을 누르고 텍스트를 입력합니다.

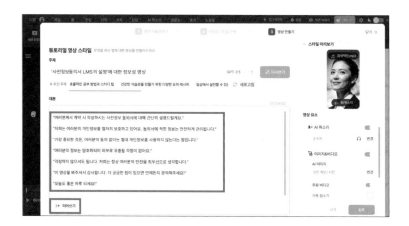

## 챗GPT로 영상 대본을 친근하게 바꾸기

Vrew에서 AI가 작성한 대본이 조금은 딱딱하게 느껴져 챗GPT
를 사용해 영상의 대본을 조금 더 친근하게 작성해 보겠습니다. 영

상을 보는 사람들이 누구나 쉽게 이해할 수 있도록 [신입사원이 처음 만난 고객에게 사전에 전달해 줄 수 있는 짧은 영상을 만들려고 해. 계약 시 사전정보동의서 LMS에 대한 설명의 정보성 영상이야. 개인정보 보호가 안전하게 되니 걱정하지 말라는 내용이야. 위 내용을 10살 아이가 이해할 수 있도록 비유나 예시를 들어서 영상 대본을 작성해 줘]라고 챗GPT에 입력합니다.

신입사원이 처음 만난 고객에게 사전에 전달해 줄 수 있는 짧은 영상을 만들려고 해. '계약시 사전정보동의서 및 LMS에 대한 설명의 정보성 영상이야. 개인정보 보호가 안전하게 되니 걱정하지 말라는 내용이야. 위 내용을 10살 아이가 이해할 수 있도록 비유나 예시를 들어서 영상 대본을 작성해 줘

여기 10살 아이도 이해할 수 있는 방식으로 작성한 영상 대본이야:

[인트로]
(밝고 경쾌한 음악과 함께 등장)
화면: 웃는 얼굴의 캐릭터가 등장
대사: "안녕하세요! 만나서 반가워요! 오늘은 아주 중요한 이야기를 나눠볼 거예요."

[장면 1: 비유 설명]
화면: 한 아이가 자물쇠가 달린 상자에 소중한 물건을 넣는 장면
대사: "혹시 비밀 상자를 본 적 있나요? 중요한 물건을 안전하게 지키려고 자물쇠를 채우잖아요? 여러분의 개인정보도 그만큼 소중해요. 그래서 우리가 그 정보를 잘 보호할 거예요."

챗GPT가 만들어 준 내용 중 '대사' 부분을 Vrew의 '대본' 창에 복사해 넣습니다. AI가 작성해 준 글들을 살펴보며 고객이 이해하기 쉬운 내용으로 대본을 수정하고, 영상 요소 목소리를 선택해 주고 '완료'를 누르면 정보 전달용 영상을 손쉽게 만들 수 있습니다.

AI가 만들어 준 샘플 이미지와 비디오를 보며 내용과 어울리지 않거나 다른 이미지나 영상으로 바꾸고 싶다면 항목을 선택해 이미지나 비디오를 대체하거나 이미지 생성 AI를 활용해 직접 이미지를 만들어 영상에 삽입하고, 사이즈와 위치를 바꿔줍니다.

마지막으로 이미지와 텍스트가 어색하지 않은지 확인하면서 영상을 편집하고, 텍스트가 제대로 적혀 있는지 검토한 후 '내보내기' 버튼을 눌러 최종 출력합니다. 이렇게 완성된 영상은 고객에게 필요한 정보를 명확하게 전달할 수 있는 효과적인 도구가 됩니다.

# 고객에게 전달할
# '계약체결송' 만들기

추가로 **'고객에게 감사의 마음을 표현하는 노래'**를 Suno를 이용해 만들어 보겠습니다. Suno의 가사는 챗GPT의 GPTs를 활용합니다. 챗GPT의 메뉴 중 'GPT 탐색'을 클릭해 Suno로 가사를 만드는데 도움을 주는 챗봇인 'Suno AI V3 - Lyrics'를 선택해 채팅을 시작합니다.

여기에서는 [보험 계약을 마친 영업사원이 고객에게 감사한 마음을 표현하는 노래 '계약체결송'의 가사를 한글로 작성해 줘. '계약과 싸인' '신입사원' '고객 마음' '감동 타투' 같은 키워드를 넣어주고, 활기차고 유쾌하게 고객이 웃을 수 있는 상황들을 재미나게 표현해 줘]라고 입력합니다.

보험 계약을 마친 영업사원이 고객에게 감사한 마음을 표현하는 노래 '계약체결송' 의 가사를 한글로 작성해줘. '계약과 싸인', '신입사원', '고객마음', '감동 타투' 같은 키워드 넣어주고, 활기차고 유쾌하게 고객이 웃을 수 있는 상황들을 재미나게 표현해줘.

제목: 계약체결송

스타일, 장르 및 타입: K-Pop, 댄스, 신나는 팝

가사:

[intro]
오늘은 기분 최고, 웃음꽃이 활짝 펴
내가 기다리던 그 순간이 와버렸어!

[verse]
고객님과 함께한 시간 참 소중해
처음부터 끝까지 마음을 다했네
신입사원이지만 열정은 꽉 차
계약서에 싸인, 여기서 완성돼!

[pre-chorus]
펜을 잡고 한 번, 두근거리는 마음
고객님 미소에 나도 뿌듯해져
이제 시작이야, 우리 함께 가요
이 순간은 영원히 남을 감동 타투!

[chorus]
계약과 싸인, 한 번 더 싸인!
고객님 마음에 쏙 들었죠?                    ↓

챗GPT가 만들어 준 가사를 복사해 Suno 커스텀 모드에 가사와 스타일, 장르, 곡의 제목을 입력하고 'Create'를 눌러 노래를 생성합니다(파트 4의 2장 'Suno PC 버전으로 노래 만들기'를 참고하세요).

노래가 완성되면 영업활동에 활용하거나 고객에게 감사의 마음을 전하는 특별한 순간에 맞춤형 곡으로 사용할 수 있습니다. 예를 들어 '계약의 여정송'으로 고객과의 첫 만남부터 계약까지의 과정을 노래로 풀어내거나, '첫 계약 성공송'으로 신입사원이 첫 계약을 성사시킨 기쁨을 표현할 수 있습니다. 또한 '고객 소개 요청송'으로 고객에게 유쾌하게 지인을 소개해 달라고 요청하는 것도 가능합니다. 이렇게 만들어진 노래는 고객과의 관계를 더 깊이 있게 이어가며, 영업활동에도 색다른 활력을 더할 수 있습니다.

# 5

---

## 강사

강사가 '챗GPT' '이미지 크리에이터' 'Gen-2'를
활용해 **강의자료와 콘텐츠에 시각적·청각적 요소를 넣은 강의 오프닝 영상**
을 제작하는 방법에 대해 실습해 보겠습니다.

### [사례]

저는 리더십 강의를 진행하는 강사입니다. 이번 강의의 주제는
'협업과 팀워크를 강조하는 리더십의 중요성'입니다. 강의에서 이
주제를 효과적으로 전달하려면, 수강생들이 강의의 중요성을 직관
적으로 느끼고 집중할 수 있는 도입부가 필요하다고 생각합니다.
그래서 강의 도입부에서 보여줄 오프닝 영상을 제작하려고 합니다.

AI 도구를 활용해 수강생들이 강의에 더 집중할 수 있는 분위기를 만들고 싶습니다.

## 이미지 크리에이터로 이미지 만들기

우선 챗GPT에 [카리스마 있는 리더가 팀을 이끄는 장면, 협력과 팀워크를 강조하는 리더십 일러스트 이미지를 통해서 짧은 리더십 영상을 만들려고 해. MS 이미지 크리에이터를 사용해 리더의 성공적인 팀 빌딩 과정을 표현한 짧은 영상 클립에 들어갈 최적의 프롬프트를 작성해 줘]라고 입력해 협업과 팀워크를 강조하는 리더십 이미지를 만드는 프롬프트를 작성합니다.

---

카리스마 있는 리더가 팀을 이끄는 장면, 협력과 팀워크를 강조하는 리더십 일러스트 이미지를 통해서 짧은 리더십 영상을 만들려고 해. MS이미지크리에이터를 사용해 리더의 성공적인 팀 빌딩 과정을 표현한 짧은 영상 클립에 들어갈 최적의 프롬프트를 작성해 줘

1. **카리스마 있는 리더가 팀을 이끄는 장면**
   "자신감 있는 리더가 앞에서 손을 뻗어 팀을 이끄는 모습. 팀원들은 리더를 신뢰하며 뒤따르는 모습. 밝고 세련된 현대식 사무실 배경."

2. **협력과 팀워크를 강조하는 장면**
   "다양한 팀원들이 원형으로 모여 손을 맞잡고 협력하는 모습. 리더가 중심에서 팀원들과 눈을 맞추며 소통. 따뜻하고 협력적인 분위기의 사무실 배경."

3. **성공적인 팀 빌딩 과정**
   "리더가 화이트보드 앞에서 팀원들과 아이디어를 공유하며 설명하는 모습. 활기차고 창의적인 사무실 분위기 속에서 팀의 협업을 강조."

이렇게 프롬프트를 활용해서 영상 클립에 들어갈 이미지들을 만들 수 있을 거야.

---

그리고 챗GPT가 제안해 준 각각의 장면을 '이미지 크리에이터'의 프롬프트 입력 창에 넣고 이미지를 하나씩 만들어 보겠습니다.

1) 카리스마 있는 '한국인' 리더가 팀을 이끄는 장면

자신감 있는 리더가 앞에서 손을 뻗어 팀을 이끄는 모습. 팀원들은 리더를
신뢰하며 뒤따르는 모습. 밝고 세련된 현대식 사무실 배경.

2) 협력과 팀워크를 강조하는 장면

다양한 팀원들이 원형으로 모여 손을 맞잡고 협력하는 모습. 리더가 중심에
서 팀원들과 눈을 맞추며 소통. 따뜻하고 협력적인 분위기의 사무실 배경.

### 3) 성공적인 팀 빌딩 과정

한국인 리더가 화이트보드 앞에서 팀원들과 아이디어를 공유하며 설명하는 모습. 활기차고 창의적인 사무실 분위기 속에서 팀의 협업을 강조.

# 이미지를 활용해 Gen-2로
# 간단한 영상 만들기

이미지 크리에이터를 이용해 만든 이미지 중 마음에 드는 이미지들을 다운로드 받아 Gen-2에 업로드하고 'Generate 4s'를 누르면 4초 길이의 영상을 자동으로 제작해 줍니다.

Gen-3 alpha 모델은 완성된 영상 썸네일이 나오지 않아 크레딧을 사용하고 나서 결과를 볼 수 있지만 Gen-2는 영상을 미리 보고 선택할 수 있다는 점에서 조금 더 효율적입니다. 생성된 영상을 확인하며, '협업과 팀워크의 중요성을 강조하는 리더십'을 표현한 장면들을 영상으로 제작할 수 있습니다. 이 과정에서 간단한 사운드 효과나 텍스트를 추가하고, 자연스러운 장면만 선택적으로 편집하면 충분히 만족스러운 영상을 완성할 수 있습니다.

누구나 쉽게 따라 하는 디지털 콘텐츠 만들기

# AI로 이미지, 영상, 음악 한 번에 끝내기

초판 1쇄 인쇄 2024년 11월 10일
초판 1쇄 발행 2024년 11월 20일

**지은이** 이현
**펴낸이** 백광옥
**펴낸곳** ㈜천그루숲
**등　록** 2016년 8월 24일 제2016-000049호

**주소** (06990) 서울시 동작구 동작대로29길 119
**전화** 0507-0177-7438 **팩스** 050-4022-0784 **카카오톡** 천그루숲
**이메일** ilove784@gmail.com

**기획/마케팅** 백지수
**인쇄** 예림인쇄 **제책** 예림바인딩

ISBN 979-11-93000-58-8 (13320) 종이책
ISBN 979-11-93000-59-5 (15320) 전자책